B.LEAGUE誕生

日本スポーツビジネス秘史

Birth of B.LEAGUE :
The secret history of Japanese basketball.
by Kazuto Oshima

大島和人

日経BP

はじめに

トヨタ自動車やソフトバンクのような大企業が動きを引っ張る一方で、向こう見ずな若者たちも夢に挑戦していた。教育人や経営者、政治家と広汎な人々が流れに絡んだ。サラリーマンは激流に翻弄されつつ奮闘した。激しい対立と長い膠着を経て、外圧と強烈なリーダーシップが空気を変えた。そして交渉や実務の名手が粘り強く立ち回り、劇的に決着する——。Bリーグ（B.LEAGUE）の誕生はこのように壮大で、稀有なストーリーだ。

Bリーグは2020年7月に川淵三郎、大河正明に次ぐチェアマンとして島田慎二が就任。コロナ禍に立ち向かいつつ、次のステージに進みつつある。Bリーグ発足後にバスケットボールを見るようになったファンは多く、それ以前の記憶が薄らいでいる者もいるだろう。バスケ界は野球やサッカーに比べても動きは激しく、流れが速かった。「歴史」は短期間で積み上がったものの、総括が不十分な現実もある。

バスケ界に新しい歴史を刻んだ開幕戦は2016年9月22日、秋分の日。東京の国立代々木競技場第一体育館で行われた、アルバルク東京と琉球ゴールデンキングスの一戦だった。中村雅俊や広瀬アリス、広瀬すずの姉妹が中継のゲストに呼ばれ、観客席にもタレントやアスリートが招かれて華を添えた。スポーツの枠をはみ出した、豪華な祝祭だった。開幕戦のチケットはコートサイドのような高い席種から消え、約1万枚が売り切れた。演出の目玉は、日本バスケ初の試みとして導入されたLEDコート。透明な薄い樹脂の下にLEDパネルを敷き詰め、試合展開に応じてCG映像が流れる仕掛けだ。先進的な映像と光、音に包まれ、観客も呼応する夢のアリーナが実現していた。

試合前、大河チェアマン（当時）は開会をこう宣言している。

「バスケットボールで日本を元気にしたい。その思いを胸に大きな夢と高い志をもって、Bリーグは未来に挑戦していきます。ブレイク・ザ・ボーダー。2016年9月22日、Bリーグの開会を宣言します」

対照的な出自を持つチーム同士のオープニングゲームだった。

アルバルク東京はトヨタ自動車をルーツに持つ旧実業団チームで、日本を代表するタレント揃い。前年の2015－16シーズンにNBL（ナショナル・バスケットボール・リーグ）で最高勝率を記録していた。

琉球ゴールデンキングスは旧bjリーグ（日本プロバスケットボールリーグ）を代表する強豪で、両リーグの中でも屈指の入場者数を誇っていた。

実業団リーグの流れを組むNBLと、プロとして発足したbjリーグ。そんな2つのリーグの代表格が顔を合わせる、「ブレイク・ザ・ボーダー」を地で行くカードだった。

この日に至るまで、バスケ界は紆余曲折をたどってきた。一時は日本のスポーツ界でも例を見ない危機に陥り、オリンピックなどの国際舞台から締め出された時期もある。混乱がどう収拾され、Bリーグの成功は実現したのか。本書はそのような激動をたどるとともに、日本のスポーツ界が持つガバナンスに関する課題と可能性を浮き彫りにする。

第1章ではBリーグの成功要因を整理する。Bリーグの実現をかいつまんで述べるなら、異なる考え方や背景を持つ人たちが結集し、妥協を受け入れつつ1つのゴールに向かったプロセスだろう。

ビジネスマンと教育関係者、サラリーマンと起業家、地方組織と中央組織、名リーダーと若者……。そのような多様な人材の協働は、スポーツビジネスに限らず、何らかの組織に関わる人が直面することになる課題だ。それをBリーグは突破した。

しかしそれが簡単に実行できるなら、日本バスケの迷走もなかった。問題をこじらせ、解決できなかった事情も明示する必要もある。その経緯は第2章から第7章までに記す。

第8章以降は、いよいよ決断を迫られたタイムリミットまでの間、主な関係者がどう行動したかをたどる。

B.LEAGUEの誕生まで

日本リーグ
（1967～1995）

・発足時は日本実業団連盟が運営

・1988年から日本協会が運営

・バブル経済崩壊後の1990年代、日本リーグがJBLへと移行した時期には、加盟チームの休部や退会が相次ぐ

JBL
（1995～2001）

・日本協会を離れ、バスケットボール日本リーグ機構が運営

JBL スーパーリーグ
（2001～2007）

・プロに近い興行が志向されたものの、早期に頓挫

新JBL
（2007～2013）

・JBLスーパーリーグが資金的に行き詰まり、日本協会が支援する形で体制変更。任意団体として運営

NBL
（2013～2016）

・実業団チームに加えてプロチームが新規参戦。一般社団法人として運営

bjリーグ
（2005～2016）

・JBLスーパーリーグに参加していたチームの一部が脱会し、プロのリーグとして発足

・株式会社日本プロバスケットボールリーグが運営

FIBA
国際バスケットボール連盟

・2013年、FIBAは、JBLとbjリーグに分かれた日本の状況を問題視し、JBA（日本協会）に問題を解決するよう要求。改善されない場合は制裁処分を科すと警告

・2014年11月、FIBAは日本協会を国際資格停止に。

・FIBAは制裁と同時に、問題解決のタスクフォースの設置を提案。そのトップとして、Jリーグのチェアマンだった川淵三郎氏を招聘

・2015年1月、タスクフォースが発足。新たに「第3のリーグ」を立ち上げ、NBLとbjリーグのチームが合流する方式が決定

・2015年4月、新リーグを運営する「一般社団法人ジャパン・プロフェッショナル・バスケットボールリーグ」が発足。のちに新リーグ名は「B.LEAGUE」に決定

・2015年5月、日本協会が新体制になり、会長に川淵三郎が就任。6人の理事は全員が外部から選出

・2015年8月、新リーグ発足が決まったことや、日本協会の体制が刷新されたことにより、FIBAの制裁は正式解除

B.LEAGUE／B3リーグ
（2016～）

・NBLとbjリーグに所属していたクラブが参加
・B.LEAGUEは独立したプロクラブのみでB1、B2の2部構成
・B3リーグは実業団も含めたプロアマ混成

JBA
日本バスケットボール協会
（通称「日本協会」）

Bリーグの創設にかかわった主要な人物

川淵三郎
Jリーグの初代チェアマンにしていわば創設者。2015年1月から日本バスケ改革の陣頭に立ち、協会とリーグのトップにも就いた。

境田正樹
弁護士で、多くのスポーツ団体でガバナンス強化、改善に携わる。タスクフォースでは川淵の右腕として活躍。

梅野哲雄
福岡県の教員を務めつつ、日本協会の評議員や理事を歴任。2014年末から日本協会の会長代行に。

森野和泰
北海道協会の専務理事、理事長を務め、2006年の世界選手権開催やレバンガ北海道の発足にも尽力。

吉田長寿
1995年にJBLの職員となり、リーグと協会の実務に長く携わる。

丸尾充
慶應大、住友金属で活躍し社業でも成功。プロ化に尽力し、2013年にNBLの代表理事となる。日本協会会長代行も務めた。

山谷拓志

リンク栃木ブレックス（現宇都宮ブレックス）の立ち上げを成功させ、ＮＢＬでは初代専務理事兼ＣＯＯとなる。

大河正明

２０１０年に銀行からＪリーグへ移り、ライセンス制度の整備に尽力した。２０１５年春にバスケ界へ転じ、Ｂリーグのチェアマンとなる。

増田匡彦

２００９年にＪＢＬの職員として採用され、クラブの破綻処理など難局も経験。ＮＢＬ、Ｂリーグでも要職を務める。

島田慎二

自ら立ち上げた企業を売却後、千葉ジェッツの経営に関わる。bjリーグからＮＢＬへの移籍を実行。２０２０年からＢリーグのチェアマン。

パトリック・バウマン

スイス出身の弁護士で、２００２年にＦＩＢＡの事務総長へ就任。硬軟両面の対応で日本協会の改革を後押しした。２０１８年に51歳の若さで急死。

インゴ・ヴァイス

ドイツ協会会長で、ＦＩＢＡを代表してタスクフォースに参加。川淵とともに共同議長を務めた。

目次

第1章 Bリーグが成功した「5つの理由」

大ピンチからのV字改革

Bリーグは開幕初年度の2016－17シーズンに、全36クラブ合計で224万人の入場者を集め、150億円の売上収入を上げている。旧リーグ時代の合計（83億円）に比べて2倍近い売上を記録し、非連続的な成長を遂げた。

プロリーグ発足直後のブレイクという意味では1993年、94年のJリーグも同様だ。しかしこちらは3季目以降にブームの終焉、不況による落ち込みを経験している。

Bリーグは2018－19シーズンまで右肩上がりの成長を続けた。B2も含めた入場者数は初年度の224万人から2季目が250万人、3季目が259万人と増加を続けている。36クラブを合計した売上はそれ以上の伸びで、初年度の150億円から195億円、221億円と順調な拡大を見せた。

B.LEAGUE の入場者数

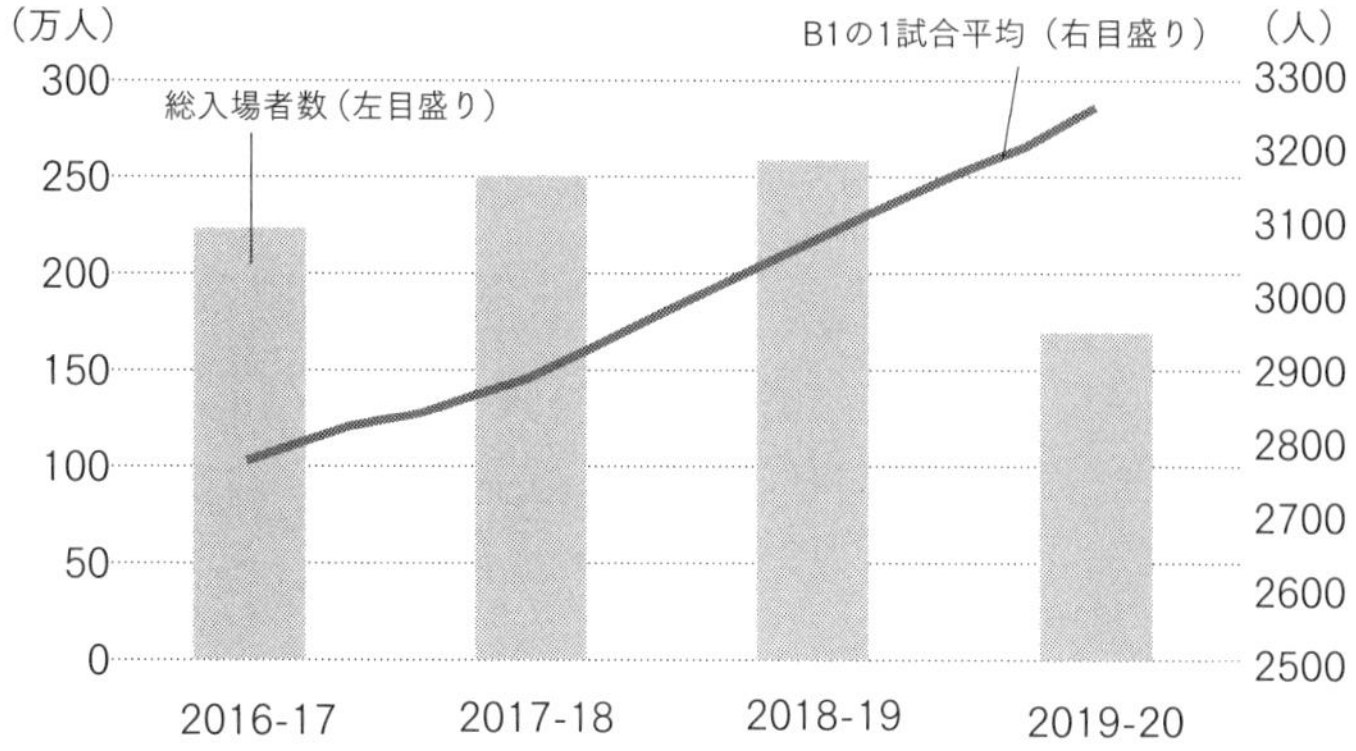

（注）2019-20 は新型コロナウイルスのためシーズン途中で終了

もちろん4季目以降は2020年冬に始まった新型コロナウイルス感染症による影響がある。他競技と同様に、バスケットボールも当面は我慢を強いられるだろう。ただし3月で打ち切りになった2019－20シーズンも、クラブの売上自体は前年並みを保っていた。

この成長が背伸びの結果だと受け止めている人がいたら、その見方は違う。リーグの支援を通して予算と実績の管理といった「経営の基本」がクラブに浸透し、収入と支出のバランスも崩れていない。リーグ1部のB1と2部のB2の36クラブは脱落することなく2020年10月からのシーズンに臨んでいる。

Bリーグの発足は大成功だった。それは

明確に言い切っていい。

Ｂリーグ発足前、日本バスケ界は、日本バスケットボール協会（以下、日本協会）の運営が混乱し、最高峰のリーグ（以下、トップリーグ）が分裂していた。旧日本リーグからの流れを汲むＮＢＬと別に、２００５年に発足したbjリーグがあり、バラバラに戦われていた。分裂の一因には「実業団からプロ」という流れに対するスタンスの違いがあった。日本協会はコントロールできないトップリーグの存在を許し、ＦＩＢＡ（国際バスケットボール連盟）からはガバナンス（統治）の欠如を問題視されていた。２０１４年にはＦＩＢＡの国際資格停止処分を受け、あらゆる国際活動から日本が締め出された時期もある。

そんな大ピンチからの浮上だからこそ、Ｂリーグ発足の軌跡はなおさら価値がある。

日本の競技団体やトップリーグにはポテンシャルを活かしきれていない種目が多い。学校はともかく、企業がスポーツを支え切れなくなっている現状もある。競技の国際化、高度化に伴って高額な支援が必要となる一方で、日本経済の低迷という足元があった。

そんなスポーツ界の改革モデルとしても、Ｂリーグには大きな価値がある。

Ｂリーグがなぜ成功できたのか。その理由は５つに整理できる。

・人材
・外圧
・ガバナンス
・プロの存在
・ハイブリッド

これらの点を見ていこう。

川淵三郎というリーダー

人材という点では、川淵三郎の貢献がやはり大きい。Ｊリーグを初代チェアマンとして成功に導き、日本サッカー協会の会長も務めた彼は、バスケ界を窮地から救うために招かれた。

リーグの分立状態からＢリーグ創設に至る流れを作った組織が、２０１５年１月に結成された「ジャパン２０２４タスクフォース」だ。タスクフォースとは緊急性のある課題を解決するために一時的に結成されるチームのことで、「特別チーム」と訳される。

川淵はその共同議長に指名され、同年5月には日本協会の会長にも就いた。リーグと協会のビジョンを提示し、巧みな発信で社会を巻き込んだ。自治体や腰の重かった大企業に「改革を任せていい」という感覚を持たせ、ソフトバンクのようなパートナーも引き込んだ。

２０１３年に日本バスケットボール選手会を発足させ、初代会長を務めていた岡田優介は川淵の第一印象をこう振り返る。

「川淵さんと話したときに、『本当にこの人は78歳なのかな？』と思いましたね。40代、50代の現役経営者と話している感覚で会話ができました。自分はこういう立場なので、重鎮と呼ばれる方ともお話しする機会はありましたが、そのようなテンポで色んな会話ができる人は初めてでした」

岡田は日本代表経験を持つプレイヤーだが、２０１０年に公認会計士試験に合格し、自ら企業を経営しているビジネスパーソンでもある。川淵にはそんな青年と自然にやり取りできる若さと鋭さがあった。改革のリーダーは新しいものを受け入れる柔軟性、次々に決断を下す知的な瞬発力が必要だが、それを持っていた。

川淵は岡田が「選手目線」と評する感覚を持ち、結果的にプレイヤーズファーストを実現した。川淵が選手にすり寄る、へりくだるタイプだったという意味ではない。岡田は続ける。

「権威があるし、発言も『ちゃんとやれ』みたいな感じじゃないですか。ただ当たり前のことを当たり前に言うし、ストレートに思ったことを言ってくれる――。そんなイメージを持ちました」

遠慮のない強い言葉、迫力ある態度も川淵の武器だった。一方でそんな圧の背景にはバスケットボールにかけた熱意があり、長く培ってきた思考があった。

2020年7月からBリーグのチェアマンを務めている島田慎二はこう述べる。

「川淵さんは問題の根幹、事の本質をつかむ天才だと思います。病巣の周辺に変数はいっぱいあるけれど、核心をつかむ力がある。帰化選手のルールのように今まで何か月も議論したことを、10秒くらいで終わらせちゃう。あのナベツネさんに立ち向かってJリーグを立ち上げた人。スポーツ界のある種のドンで、この人が黒と言ったら黒、白と言ったら白ぐらいの空気感を醸し出している。人たらしで実は細やかな方で、硬軟使い分ける側面もあります。あの実績とオーラで、かつ核心を突いて、枝葉は無視して進めていくと、もうみんなが乗っかっていくしかない」

岡田は言う。

「川淵さんは極めて普通のこと、前からそうしたほうが良いと言われていたことをやったと思います。大事なのは何をいうかより、誰がいうか、誰がどうやるかです。川淵さんにはやり抜く力があった。僕は川淵さんがサッカーで何をやってきたのかは詳細までは知らないし、サッカー界の人がどう感じているかにも興味はありません。ただバスケットボール界だけの話でいうと、その力は大きかった、選手を含め多くの人が川淵さんに感謝していると思います」

一方で川淵がその構想力や発信力、突破力で改革のスタートを成功させた背景には、実際の形にするまでの交渉、調整といった作業があった。川淵の右腕として主に日本協会の理事26人、評議員57人、クラブの代表47人と向き合ったのは弁護士の境田正樹だ。彼の持つ法的知識、交渉手腕も当然ながら重要だった。

日本協会に従う姿勢を持っていたＮＢＬはともかく、bjリーグの存在はＢリーグ発足における壁だった。対リーグの交渉、調整が困難と見た境田はリーグの規約を確認した上で「クラブを脱退させて第3のリーグに取り込む」スキーム（第10章参照）を考案。24クラブの経営者を取り込む多数派工作を成就させた。日本協会の理事、評議員を辞任させる工作もやり遂げた。

開幕時のチェアマンだった大河正明は、銀行やJリーグでキャリアを積んでいた人物。彼はBリーグを離陸させ、安定飛行までの操縦を担った。日本協会と都道府県協会、リーグとクラブの関係構築を行い、行き届いた規約や規定を整備した。川淵のビジョンを現実に落とし込む粘り強さ、きめ細やかを持った能吏の1人が大河だった。

川淵も境田や大河のような人材を評価し、その持ち味を活かした。弁護士、銀行出身の実務家、若手まで、様々なタイプと波長を合わせられるリーダーだった。

「ノー」とは言えないFIBAの外圧

ただしバスケ界と縁のない彼らが、「正しさ」「能力」だけで勝負をしても、おそらく成功はしなかった。誰に問うても改革成功の背景として言及する大きな要素が外圧だ。大河はこう説明する。

「黒船なしに川淵さんが登場していても、あれほどは上手く行かなかったと思います。外圧があって、オリンピック出さないぞ、制裁だぞと言われてコートから追い出されたわけです。コートに戻るためには、川淵さんが言ったことに嫌々でも従わないと無理だった」

ＦＩＢＡは男女あらゆるカテゴリーの国際活動を禁止するという、強烈な制裁処分を日本に科した。２０１５年6月までに問題を解決できなければ、リオデジャネイロ・オリンピックの予選に参加できなくなる切実なタイムリミットがあった。

リーグの分立解消、日本協会の完全な刷新は究極の宿題だった。bjリーグは債務問題を抱えて交渉による起死回生を狙い、日本協会内にはタスクフォースに対して反発を見せる理事もいた。だが改革の足を引っ張ってＦＩＢＡと決別すれば、日本バスケがさらなるジリ貧に追い込まれることは目に見えていた。

日本協会、クラブがタスクフォースの意向を受け入れるかどうかは自由意志だが、その背後にはＦＩＢＡがいる。オリンピック予選を諦める、新リーグに参加しない判断はシンプルに損だ。日本協会側がそれまで繰り返し提示していたリーグのプロ化案、統合案と違い、タスクフォース案は「ノー」の意思表示が難しいものだった。

加えてタイムリミットが議論の拡散を防いだ。ジャパン２０２４タスクフォースは

2015年1月28日から6月2日まで、6回に渡って会議を開催している。5年の時間をかけて準備が進んだJリーグに比べると準備期間が比較にならないほど短い。事前の仕込みがあったにせよ、4か月強で問題を解決するプロセスは性急にも思える。しかしこれがノイズを消した。

bjリーグに対するアプローチのような〝奇襲〟もあり、タスクフォースのトップは一気に畳み掛けることでバスケ界を飲み込んでいった。

どんな議論も「総論賛成・各論反対」の立場を取る者は多い。大枠の中で個別に好条件を引き出すベーシックな手法でもある。ただ様々なステイクホルダーがそれぞれの都合を主張し始めると、収拾には時間と手間がかかる。細部の調整が重なって全体の構造が歪み、すべての当事者が損をする皮肉な現実が生まれる場合もある。料理と同様に、議論は時間をかければ完成度が上がるものでない。

日本バスケの改革ではぎりぎりのタイムリミットと、タスクフォースの早い動きが、クラブを受け身にした。新リーグについていくことに必死になり、「1部へ昇格できるように自らを売り込む」方向にエネルギーを使う発想となった。外圧はタイムリミットがあるからこそ意味を持った。

もちろん川淵やタスクフォースが「日本バスケをもっと良くするビジョン」を提示できなければ、抵抗はもっと強まったはずだ。自治体や企業の協力を得られず、bjリーグのクラブ経営者にリーグ脱退の「踏み絵」も踏ませられなかった。タスクフォースのリーダーシップと、外圧はワンセットだからこそ機能した。

川淵とFIBAのビジョンが一致しないリスクもあっただろうし、実際に日本側の事情を通した場面もある。川淵はワールドカップ日韓大会の開催などを通して対外交渉の経験が豊富で、ある問題では彼が防波堤となった経緯もあった。

川淵はこう振り返っている。

「日本協会の理事も、FIBAは初め4人でやれ、そうでないとFIBAが望む方向にガバナンスがなっていかないといっていた。評議員も十何人でいいと言っていた。でも日本の習慣では各都道府県があって難しい。クラブも（1部を）12クラブに減らせと言われたけれど、それは無理だと伝えた。僕はサッカーで外国人とのそういう交渉に慣れているから。バスケットボールの人だったらそこまで言えたか分からないけれど、僕は対等にできる。『これは聞いてあげた方がいいな』『俺の言うことを向こうが聞いた方がいいな』と分かる。あと（タスクフォースの共同議長だった）ヴァイスとすごく気心が合って、言いたいことを言える仲だからそこもよかった」

川淵は外圧に振り回されず、意思を持って調整できる能力を持っていた。

「実行」を伴うガバナンス体制づくり

ＦＩＢＡは日本側にリーグ統合、協会の刷新を求めたが、突き詰めると問題はバスケ界のガバナンスだった。端的にいうと日本協会は決定と実行の機能が不足していた。だからこそリーグの運営が長く混乱し、分立が長引いた。

今回の取材で話を聞いた相手から揃って出てきた振り返りが「バスケ界には口を出す人は多かったけれど、実際に汗をかく人が少なかった」という反省だ。

日本のスポーツ界は派閥争いが多く、複数の勢力が足を引っ張り合う現象が競技を問わず起こる。もちろんマネジメントに非があれば指摘されるべきだし、人の交代も時には必要だが、ブレーキだけで車は前に進まない。結論が出ない、結論が出ても実行されないという末路では、どんなに鋭い批判も意味がない。

境田は説く。

「経営をしっかりやる人がいないと、齟齬や不満が出ます。トップは全体をちゃんと見て、方針を立てて運営しないといけないけれど、バスケ界は全然できてなかった。『こんなやつに任せられるか』となるけれど『代わりができますか？』といったらできない。そこに川淵さんが来て、大河さんや日本協会の事務総長を務めた田中（道博）さんをJリーグから連れてきて、運営とはこうすると植え付けた」

ＦＩＢＡのトップは会長で、大陸の持ち回りで5年ごとに交代する。実務の権限が集中しているのは事務総長だ。選挙の審判がない職員の立場で、10年単位で組織を切り盛りする。組織の安定性、継続性が担保され、やり切る環境が確保されている。

ＦＩＢＡが考えていた日本バスケの改革とは、結論を出しそれを実行する組織の構築だ。だからこそ日本協会側には理事を削減し、口出しを減らして横やりが入りにくくする意思決定プロセスを求めた。さらに事務総長に大きな権限を持たせる体制作りを要望した。国家に例えれば国会よりも首相官邸（内閣官房）の権限を強める発想だ。

彼らから見て、政権交代が頻繁に起こり、トップリーグの一方をコントロールさえできない日本協会のガバナンスは受け入れ難いものだったに違いない。

境田は派閥争いの根っこにあるカルチャーをこう説明する。

「日本のスポーツ団体はピラミッド構造になっているわけだけど、根っこは学校の先生中心。純粋で熱意があって、教えるのが好きな方たちです。教育者は信念を持っていて愛情があって、自分についてこいというタイプが多い。ただし自分を殺して組織のためにという発想があまりないし、頭も下げることも少ない。自分と価値観の合う人、認め合う人をとても大切にする一方で、自分の価値観と相容れない人は排除する方向に行きがちだと感じますね。社長がいて部長がいて、自分を殺して組織のためトップのためにやろうと考えるのが会社組織。だからかなり毛色が違うんです」

一般的に日本社会は上意下達、滅私奉公の発想が強いと理解されている。しかしそれはおおよそ「○○大学××部」というような狭いコミュニティの範囲内で、統制は属人的な形で機能する。直接の目上、同志との結束は強くても、組織に従順とは限らない。その人間が仮に組織を背負っていても、自分とバックグラウンドの違う相手にはなかなか求心力を持てない。

もちろん教員文化が一概に悪という意味ではない。そのような情熱、意気が日本の教育水準を維持し、スポーツ文化を支えてきた。この国のバスケットボールは彼らの献身的な努力によって普及、強化が行われてきた。ただし日本協会の単位で見ると、仲間同士の個別最適が優先され、ベクトルを合わせられていなかった。考え方の違う人間を受け入れて協調する環境は、ガバナンスの前提だ。

また学校関係者は往々にしてビジネスが不得手だ。スポーツビジネスはサービス業で「相手の立場で考える」「柔軟に対処する」ことが求められる。一方で少し皮相な言い方だが日本の競技団体には「頭を下げてお金を集められる」「考えの違う人間に我慢して従える」タイプは少ない。

そんな文化を変えるために、バスケ界には外部人材が必要だったのだろう。特にBリーグは人事的に旧来の延長線上にない組織で、まったく新しい文化を持っている。日本協会も他競技を知り、ビジネスのキャリアを持つ三屋裕子が会長を務め、リーグとの関係も良好だ。Bリーグも含めてバスケ界はクラブ、ビジネス、メディアといった様々なバックグラウンドを持つ人材が集い、新しい文化を築こうとしている。

もっともガバナンスは制度、組織図で片付けられない。ガバナンスとは議論と実行、解決のプロセスだが「ヒトとカネ」が伴わない仕組みは絵に描いた餅だ。ハンドルとエンジンを欠いた自動車は、目的地に着かない。財源の増加が、日本バスケ改革の成就した極めて大きな要因だ。

ＮＢＬやbjリーグの末期はリーグからクラブへの配分金がほぼ無かった。Bリーグ発足後はＢ１が平均５０００万円、Ｂ２は１５００万円がクラブに対して配分されている。日本協会の年間予算は15億円前後から45億円（２０２０年度）に増え、Ｂリーグの売上収入も２０２０年度は70億円近くに達する見込みだ。放映権、スポンサーセールスと言った事業面の成長も、ガバナンスに寄与している。

「草の根の指導者」と「変革者」がまいた種

日本バスケが２０１４年の制裁処分まで積み上げてきた歴史が無意味ということは断じてない。八村塁（ワシントン・ウィザーズ）のような人材が輩出されたのは土壌を耕し、種をまいた草の根の指導者が既にいたからだ。日本協会には男女合わせて60万人に及ぶ登録選手がおり、Ｂリーグ発足前から40を超すプロクラブが活動していた。

bjリーグは日本協会と決別する形で立ち上がり、投資が十分に実らない状態で11シーズンの活動を終えた。ＪＢＬ、ＮＢＬにも経営が行き詰まって活動を休止した、経営母体が変わったクラブは複数ある。しかしそのような失敗も含めた経験と実績がなければ、Ｂリーグはなかった。

滋賀レイクスターズの初代社長を務めた坂井信介はこう述べる。

「川淵さんの功績は素晴らしいものだけど、バスケットボール、特にbjリーグにはラグビーやバレーにないプロチームとプロリーグの仕組みがあった。ファンを作り出し地域のスポンサーを呼び込み、収支をとって継続させる形を、bjが全国に広げてきていたのも事実です。大成功ではなかったけれど、最終的に24チーム。選手とスタッフで合計400〜500人の雇用をbjは生み出した。野球やサッカーと違う形で、ベンチャー的な独立収支のモデルができ始めていた。エポックメイキングな展開のあった10年くらい前から、失敗とともに種はまかれていた」

現チェアマンの島田慎二も言う。

「今のバスケ界があるのは、もうbjの皆さんが苦労したからこそです。実際にあれだけのクラブを維持していたし、潰れそうになっても助けてくれた。それがあったからこそ、NBLと合体して、こういう規模感になった。その規模感があるからソフトバンクさんだって魅力を感じて投資をしてくれた。bjなくして今のBリーグはないでしょう。もしbjの発足がなければ、10チーム足らずで実業団のようなリーグを細々とやっていただけだと思います」

プロがあることで経営者やスタッフ、コーチも育った。30代で起業した坂井や木村達郎（琉球ゴールデンキングス）や、20代で起業した水野勇気（秋田ノーザンハピネッツ）が各地域で結果を出し、プロバスケットボールの文化を根付かせた。NBLにもリンク栃木ブレックス（現宇都宮ブレックス）が堂々と台頭していた。今より規模は小さかったが、プロクラブとしての成功モデルは既にあった。

つまり各地にスポンサーを周り、ファンクラブを作り、チケットを売るという活動の実態があった。現場もアメリカやスペインに留学して学び、若くしてプロクラブでキャリアを積み始めた指導者が徐々に増えていた。プロの存在はこの競技を愛する者の情熱が点火するきっかけとなった。安定とは程遠いプロの世界に飛び込んだ若者たちの勇気は、今につながっている。

日本協会側のプロ化構想、NBLに至る動きも同様だ。企業チームの衰退を防げず、変革をやり切れなかった経緯はある。ただそんな「失敗」を否定することは容易だが、風向きが悪い中でも努力を続け、火を絶やさずにBリーグへつなげた人々がいた。リーグを統合させて、新しい仕組みを作り、急成長させたBリーグ発足後の実績は見事なものだ。そのベースは、有名無名な人々が2014年以前に重ねた努力に違いない。

東芝がプロ化した川崎ブレイブサンダースの初代社長を務めた荒木雅己がBリーグ発足後に衝撃を受けたもの。それはオーナー経営者たちの姿勢だった。

「彼らの必死さは僕の想像をはるかに超えていました。僕らはバスケが上手く行かなくても会社に残れる。でも自分のお金を出資して経営している人は後に引けない。その本気度に比べて、同じ社長でも僕は甘いなと痛切に感じました。そのような緊張感やバスケットボール愛がある経営者に引っ張られて、企業チームも『後がない』というマインドに変わった。『成功しかない』という発想になったと思います」

今は旧企業チームにも親会社からの出向でないスタッフが増え、そのマインドや動きはいい意味でプロに染まりつつある。一方で企業チームが持っていた環境、資金力まで否定する必要はない。アリーナ建設のような巨費を必要とするプロジェクトが動き始めている背景には、Bリーグ発足後に投資を始めたオーナーも含めた大企業の支えがある。

Bリーグの発足と成功はバスケ界に漂っていた〝縮み思考〟を劇的に変えた。「プロ化をしても成り立たない」と考えていた企業チームはプロ化をやり遂げた。「企業チームと競争しても勝てない」と危惧していた市民クラブも多くが規模の拡大に成功している。選手の年俸を筆頭とする支出も大幅に増えたが、バランスは崩れていない。

岡田は選手の意識変革を口にする。

「メディア露出が増えて、対外的な意識は少しずつ変わってきているかなと思います。ファン、メディアに対してどういった振る舞いをしたら良いかとか、オフコートの振る舞いに関する意識が徐々に変わり始めている。今だけでなく、将来のバスケットボール界のために、後輩や子どもが目指す場所としての意識が、少しずつ芽生えている選手も出ている」

しかしこれには大きな前提がある。最低年俸が設定され、サラリーキャップ（年俸総額規制）は撤廃された。Bリーグ発足前に比較すると、2018－19シーズンのB1は選手の平均報酬が2倍に増えている。「衣食足りて礼節を知る」という言葉の通りで、自分のキャリアが不安定だったら、選手はなかなか周りに目を向けられない。Bリーグが発足して、そこにポジティブな変化があった。

岡田は説く。

「報酬、生活にある程度の余裕が出てくると、社会的に意義のある活動や自己実現への欲求、公共の利益に対する貢献意識が高まる。それは当然のことですよね。自分の生活がままならない中で、そんなことをできる選手はなかなかいません。そういう現象が少しずつ起こっているのはいいサイクルだと感じます」

Jリーグの組織、野球のマーケティングを手本に

ただそんなバスケットボールが持つポテンシャルを活かすために、改革は必要だった。お金を集めるためにはファンやスポンサーを増やす必要があり、そもそも日本バスケに価値がなければ企業や人は集まらない。

境田は言う。

「結局はバスケットボールの価値を高めるために、あらゆる手を尽くしたということですよね。それをやってスポンサーを引っ張ってきた。理事を全員入れ替える大手術をして、外部の血を入れて、スポーツビジネスの理解がある人を呼び込んだ。サッカー、野球のエッセンスを取り込んだわけです」

Bリーグにとって Jリーグは大きな手本になった。定款や規約、規定はJリーグと極めて近い。理事会、代表権を持ったクラブ経営者が集まる実行委員会、クラブライセンスなどの制度はほぼそのままBリーグに援用されている。

大河はこう説明する。

「Jリーグの規約はドイツや他の国を念入りに調べて、5年をかけて作っています。僕はJリーグの中で、それを見て来ている。どういう体系になっていて、何が大事かは理解し

ていました。2012年4月にJリーグを公益社団法人にするときに、定款を作り直した経験もあったので、そこもやりやすかった。もちろん大変な作業でしたが、大きな違いがあるわけではなかった」

昇降格、外国人選手枠などの違いはあるし、年会費もサッカーと同じ金額というわけにはいかない。さらに大河は2015年4月1日の運営法人設立から、9月15日のリーグ入会クラブ確定までに、神経を使う定款や規定規約の整備を終えねばならなかった。とはいえ制度設計が短期間で済んだのは、Jリーグというひな形があったからだ。

大河は続ける。

「Jリーグのガバナンスは正解なわけじゃないですか。Bリーグも規約規定のようなガバナンス関連、強化育成はJリーグをそのまま活かそうと思いました」

一方でBリーグのビジネスはJリーグと違う発想が入っている。当時IT化、データベースマーケティングで先を行っていたのはプロ野球で、そちらが手本になった。草創期のBリーグでは初代事務局長を務めた葦原一正を筆頭に、プロ野球で経験を積んだ幹部がマーケティングを主導した。

大河は振り返る。

「Bリーグとしては野球とサッカーのミックスを上手く作りたいなと思った。リーグが権益を持ってやっていくところはサッカーですが、ビジネスは野球がモデルです。チケットの売り方を見ても、2004年（の球界再編問題）を境目にプロ野球がぐっと伸びたじゃないですか。こっちが僕らにとってすごい役に立った。デジタルマーケティングで顧客データを取っているとか、スマホで入退場が全部できるとか、間違いなくBリーグは当時の先駆けだった」

またBリーグのスタートアップを担った幹部たちは、川淵も含めて、アメリカやヨーロッパのビジネスモデルについて少なくとも概要を知っていた。先進事例を理解し、イメージを共有していた。Bリーグ発足から開幕までの短時間で一から「勉強している」時間はない。しかしJリーグやプロ野球という叩き台をもとに、Bリーグの新しいモデルを設計し、施工できた。

大河は言う。

「僕にしても葦原にしても、アメリカがどのようなビジネスモデルか、ドイツがどうやっているか事情をおおよそ知っている。リーグを成功させていく上でここがポイントになると、最初から理解している人たちが入っていたのは大きい」

データや戦略の共有は、クラブにとっても大きな助けになった。クラブ経営者の目線で、川崎ブレイブサンダースの初代社長を務めた荒木はこう振り返る。

「リーグがマーケティングに使えるデータを取っていました。ネットでチケットやグッズを買う、ファンクラブに入るためには、まずBリーグの会員になる必要がありますよね。その人がどういう年齢、性別、どこのファンか調べてくれてクラブにフィードバックされる。NBLやJBL時代はまったくなかった仕組みです」

担当者会議では各チームの成功事例が共有され、全体のレベルが引き上げられていった。グッズについていえばクラブに売れ筋、在庫管理などのアドバイスがされ、経営の助けになったという。データを活用して手を打つのはどんな業種にとっても基本中の基本だが、Bリーグはそれが効率的にできる環境だ。

偶然の一致で誕生した奇跡のリーグ

伝統と革新、野球とサッカー、個人経営のベンチャークラブと企業チームといった異文化が衝突せず、有機的に結びついている。異なったカルチャーが補完し合うハイブリッドな文化は日本バスケを効率的に前進させている。そのようなカルチャーの醸成なくして、Bリーグの成功と発展はないだろう。

Bリーグはガバナンス、マーケティングから、チームの独立法人化に代表されるリーグの仕組みに至るまでプロスポーツの基本を的確に押さえている。改革と実践の過程はラグビー、バレーボール、ハンドボールのような今まさに改革に取り組んでいる団体競技にとって、大きな学びとなるだろう。今後はバスケットボールの足跡を経験した人材が、他リーグの変革をフォローする展開もあるだろう。

もっとも人材、外圧、ガバナンスへのテコ入れ、既存のプロクラブ、ハイブリッド化といった要素を1つでも欠いていたら、改革は成就しなかった。仮にプロリーグの再編が成功していたとしても、中途半端なものにとどまっていただろう。今のように地域を盛り上げ、「日本を元気にする」ほどの存在になれていたかは疑問だ。

東京オリンピックの開催決定があったからこそFIBAは外圧をかけたし、文部科学省やJOC（日本オリンピック委員会）も動きに同調した。今思えば日本バスケにとって千載一遇の好機で、それが人材を活かす環境を用意した。その一事をとっても、改革は幸運に味方されていた。

Bリーグは様々な偶然が劇的に一致したことによって誕生した奇跡のリーグだ。そんな幸運を喜ぶとともに、この夢を皆で大切に育て、未来につなげたい。

第2章 日本バスケが陥った膠着状態

バブル崩壊による名門企業チームの消滅

Bリーグの創設は、そもそもどのような地点からスタートしたのか。さかのぼって歴史を振り返らなければ、道のりの険しさも伝わらないだろう。

1990年代、バブル経済の崩壊により、日本のスポーツ界は大きなダメージを受けた。特に影響が大きかったのは企業の支援を受けていた実業団の団体競技だ。多くの名門チームが、1990年代中盤から活動を休止している。

社内の士気高揚、社員教育といった目的でスタートした企業スポーツも、昭和末期になるとプロに近い形で強化が行われ、ラグビーやバスケットボールでは外国人選手の採用が当たり前になっていた。各競技に費やす経費も大幅に上がっていた。

一方で日本経済の減速が長期化する中で、運動部活動の休止が増えていく。グラウンドや寮といった資産を売却し、経営的に身軽になろうとする企業の動きが強まった。

ただそれはそうとしても、バスケ界がこうむった影響は特別に大きかった。平成の始まりで、バブル経済がピークに近かった1989年。日本バスケットボールリーグの男子1部は次の12チームで構成されていた。

★1989－90シーズンの日本リーグ1部（休部・退会時期、現チーム名）
松下電器（2013年解散→和歌山トライアンズが継承→2015年休止）
三菱電機（現名古屋ダイヤモンドドルフィンズ）
いすゞ自動車（2002年）
日本鉱業（1998年）
東芝（現川崎ブレイブサンダース）
住友金属（1998年）
三井生命（1999年）
熊谷組（1994年）
NKK（1999年）
マツダオート東京（クラブ化の後bjリーグへ、現さいたまブロンコス）

トヨタ自動車（現アルバルク東京）
丸紅（1999年）

日本リーグのオリジナルメンバーで、モントリオール大会（1976年）までの各五輪に代表選手も送ったNKK（日本鋼管）、日本鉱業、住友金属は軒並みバブル崩壊後に姿を消している。NKKはオールジャパン（天皇杯）を14回も制し、日本協会の第4代、第7代会長を輩出している企業だが、そのような名門ほど厳しい末路に見舞われた。1989年の1部12チームを見ると、2020年の時点でB2以上に残っているチームが3つしかない。

サッカーのように変われなかったバスケ

サッカーは1989－90シーズンのJSL（日本サッカーリーグ）1部に参加した12チームの中で、姿を消したのはNKKと全日空（のちの横浜フリューゲルス）の2つのみ。本田技研工業はJFLだが、残る9チームは系譜を継ぐクラブがJ2以上に残っている。

Jリーグが1993年に発足して軌道に乗ったこともあり、サッカー界はおおよそ無傷でバブルを乗り越え、プロ野球に次ぐメジャー種目として地位を固めている。

Ｊリーグは実業団という形態から脱皮し、サポーター、スポンサー、自治体から広く支えられるチーム運営を実現。経営状況も可能な限りオープンにしている。もちろん景気の影響は否応なく受けるし、経営不振に陥るクラブは過去も今もあった。ただし選手の入れ替えが容易で、法人として切り分けもできているため継承も容易だ。したがって企業スポーツによくある「突然死」が起こりにくい。

一方でバスケットボールは実業団形態を維持したバレーボールやラグビーなど他競技と比べても、有力チームの負った傷が深かった。

チーム消滅の影響は選手のプレー環境、収入の縮小にとどまらない。実業団の弱体化で引退後の選手が強化や運営などでキャリアを積む場も消滅していた。バスケ界は足腰がめっきり弱まった状態で、21世紀に突入してしまう。

チーム数の減少は日本経済の減速、低迷を受けた部分が大きい。とはいえ企業がバスケットボールに次々と見切りをつける中、立て直しの策を適切に打てなかった理由を探れば、バスケ界側の問題も大きかった。

日本バスケには複数の対立軸があった。

ボランティア依存で統治力を欠いた日本協会

その1つがまず「中央vs.地方」の関係だ。1987年から日本協会の職員を務めていた堀内秀紀は、こう説明する。

「組織図で書くと日本協会は上に来ますが、都道府県協会は横並びと思っている。指示を聞くというより、自分たちが日本協会を動かしている感覚です」

日本協会の最高意思決定機関は当時も今も理事会で、企業の取締役会に相当する機能だ。評議員会は理事を選任する権限を持ち、予算などの重要議案がここに諮られる。評議員会はいわば「株主総会」で、評議員の主力は都道府県の代表だ。

理事会と評議員会のどちらが意思決定の主導権を持つか？　当時の日本協会はそこが綱引き状態で定まらなかった。

梅野哲雄は2014年末から15年春にかけて、日本協会の会長代行も務めたバスケ界の大立者だ。1980年代から長く、福岡県を代表して評議員を務めていた。彼は地方の立場からかつての日本バスケをこう評する。
「はっきり言って、昔は日本協会なんて力が無かったんです。お金の問題も色んな事業も、都道府県協会が一生懸命支えていた。ジュニアの育成をこうやりましょうといったプロジェクトも、地方から出てきたアイディアを日本協会が『やらせてください』と受ける感じです。評議員会が強かったので、何かあったら反対して、おかしいじゃないかと。みんなが色んなことを喋っていました」

スポーツ団体のガバナンスにはボトムアップ型と、トップダウン型の両極がある。アメリカのNBA（ナショナル・バスケットボール・アソシエーション）やMLB（メジャーリーグベースボール）はオーナー会議が最高議決機関となっている。オーナー会議が認めなければ、リーグへの新規参入も認められない。それがアメリカのボトムアップ型ガバナンスだ。コミッショナーはオーナーに雇われる下請けの立場だ。

USAバスケットボール、USAベースボールという「NF（国内競技連盟）」があり、IOC（国際オリンピック委員会）に加盟もしている。ただNFがプロを傘下に収める規模感はなく、むしろプロが引っ張る構図だ。

ヨーロッパ型は連盟や協会が強い。もちろんサッカー、バスケットボールともクラブチームが従順とは限らないが、競技団体がクラブを傘下に置いている。

日本バスケはというと、トップダウンとボトムアップがぶつかりあったまま、膠着状態に陥っていた。当事者の能力、倫理感では片付けられない本質的な問題だった。

中央組織が「規則」「罰則」だけで地方を動かそうしても、それは難しい。地方から奪うだけの、ムチを振るうだけの権力は続かない。予算をつけ、人や仕組み作りも含めてしっかりサポートすれば、地方組織は中央を頼りにする。アメとムチの両方が揃って、はじめてガバナンスは機能する。

日本協会職員だった堀内は言い切る。

「組織図はあるけど実際に動く組織がなかった。会長、副会長、専務理事にそれなりの人に就いたとしても、その方にビジョンがあったとしても実行できなかった。皆さんアマチュアのボランティアで、その力をどこまで結集できるか？　となってしまう」

会長、副会長、専務理事が組織を動かそうとしても、日本協会は職員が10人前後の小所帯だった。

地方が突き上げても日本協会は動けず、日本協会が旗を振っても地方は従わない。そういう構図でまず協会のガバナンスが機能していなかった。日本協会の予算規模、陣容が特別に小さかったわけではない。人手不足、財政難は日本の競技団体ならば大半が抱えている問題だ。

トップリーグとの関係が安定せず

問題は日本協会の体質、地方との関係にとどまらない。バスケ界の「ねじれ」はさらに複雑だった。日本協会と男子トップリーグの関係が安定しなかった。

2005年にbjリーグが発足した後、10年に及ぶJBL（当時）とトップリーグの分立が起こっているが、トップリーグの運営主体がブレる状態は、それ以前から続いていた。

男子バスケは1967年の全国リーグ（日本リーグ）発足からBリーグに至るまで、運営主体が頻繁に変わっている。背景には複数のグループによる主導権争いがあった。

日本リーグは創設時から日本協会でなく、日本実業団連盟が運営主体となって運営されていた。当初は人気で実業団を上回る大学チームの参加も検討されたが、リーグ戦の時期や各チームの金銭的負担などから実業団限定のリーグとなった。採算的にも当初は赤字が見込まれていたが、目論見はポジティブな方向に外れる。

当初は東京、大阪、名古屋などの大都市で開催していた日本リーグだが、徐々に「試合を奪い合う」状況となり、開催地が全国に広がっていく。会場を押さえ、学生などボランティアスタッフを集めて試合を組めば、都道府県協会が稼げるイベントだった。

堀内は言う。

「都道府県協会はいいカードが欲しい。だから都道府県協会の向く先が日本協会でなく実連になってしまった」

しかし1988年にトップリーグの主体が変わる。これが1回目の運営主体変更だ。このときは日本リーグの運営が実業団連盟から日本協会に移った。1976年のモントリオール・オリンピックで日本代表の監督を務めた吉田正彦らが主導し、チームからの要望という形で改革が行われた。NBAに類似したレギュラーシーズン終了後のプレーオフが導入されたのもこのときだ。

日本実業団連盟所属チームから日本協会に提出された嘆願書にはこうある。

「二十年に亘る歴史と実績を持つ日本リーグではありますがこの間さしたる改善・改革がなされず推移されたことは否定できません。改革案を再三に亘り申し入れし、お願いしてまいりましたが進展を見るに至りませんでした」

「(昭和）六十三年度以降の日本リーグ運営については日本協会が主催・運営を積極的遂行しリーダーシップをとっていただくと共に日本実業団連盟の二十年の運営利点を尊重し我々監督会を含めた運営をしていただくよう切にお願い申し上げます」

当時の日本協会会長は金尾實。日本鋼管（NKK、現JFEホールディングス）の社長、会長を務めていた財界人だ。副会長兼専務理事は衆議院議員だった愛知和男で、理事の吉田正彦も含めて揃ってNKKの在職歴があった。50代前半だった愛知は専務理事として日本協会の実務へ精力的に関わっていた。

このときの運営主体変更には、大事になるほどの抵抗がなかった。実業団連盟は収入源を奪われたが、実業団連盟自体は「利権」「権力争い」と縁の薄い組織だった。チーム、企業側から入ったスタッフは少数派で、バスケットボール愛好家がボランティアで動かしていた。彼らはリーグの移行後も、実務面で協力を続けた。

だが日本協会の金尾会長体制は地方の反発を受け、わずか1期で1990年に終結する。すると日本協会から追われた吉田正彦が実業団チームを引き込み、再び日本リーグは協会の傘下から離脱することになった。それが2回目の運営主体交代で、1995年にバスケットボール日本リーグ機構（旧ＪＢＬ）が発足する。
運営は自前に切り替わり、試合運営のマンパワーやコストをリーグが背負う体制に変わった。

プロ化構想が迷走

その頃、バブル崩壊に伴う休部、脱会も起こり始めており、リーグのあり方に変化が求められていた。

吉田長寿は１９９５年からバスケ界の中枢に関わり続けている古株。日本協会やリーグ運営など日本バスケの激流に身を置き続けている人物だが、アンフィニ東京（現さいたまブロンコス）のスタッフを経て、活動休止後にＪＢＬへ関わるようになった。

「なぜ僕がＪＢＬに行ったかと言うとその当時、Ｊリーグが立ち上がって、各団体のプロ化しようという機運が強かったからです。ＪＢＬはバブルが弾けて、熊谷組やアンフィニ東京が活動を止めることになった。はっきり『プロ』とは言っていませんでしたが、バスケットボールで飯を食っていくようなものにしていかなければいけないという発想があった。僕がちょうど空いていたので、たまたま職員としてやりなさいとなりました」

Ｊリーグは企業スポーツがプロに脱皮した団体競技として、この国では初の成功モデルだった。その刺激を受けて、１９９０年代中盤にはバスケットボールやバレーでもプロ化構想が持ち上がっていた。一方で１９９７年秋には北海道拓殖銀行、山一證券などの破綻が相次ぎ、日本経済はどん底の状態に落ち込む。バスケ界がアクセルを踏み込んだ途端に、プロ化の高速道路は「酷道」に変わっていた。

またいわゆる実連（実業団連盟）派がプロ化を目指していたといっても、親会社を含めた意思統一や利害の一致があったわけではない。プロの経営、営業を知るスポーツビジネスのプロパーも皆無に近い時代だった。

吉田正彦らが企業チームや親会社と思惑をきっちり共有していたわけではないが、プロ志向の彼らはトップリーグの運営を巡って日本協会と「綱引き」を続けていた。

さらにバスケ界は協会とリーグの二人三脚がまったく実現していなかった。日本代表チームの強化さえ、協会でなくリーグやチームが主導していた。

１９９０年代後半に日本代表のヘッドコーチを務めていた小浜元孝は、いすゞ自動車のヘッドコーチを務める傍らで、代表の指揮も執っていた。１９９８年の世界選手権はアジア予選を突破し、世界の切符も獲得している。小浜も日本体育大学を筆頭とする教員系の人々とは疎遠で、プロ化や国際化に積極的だった。

吉田長寿はリーグのスタッフであり、なおかつ日本代表の強化に関わっていた。

「実質的な予算を作ったり、スケジュールを組んだり、そういう総括の仕事をやっていました。ＪＢＬからお給料をもらって、ＪＢＬの仕事をしながら、代表活動とか委員会があるときはそちらに行っていました」

トップリーグが協会を引っ張る構図はアメリカにもあり、それが間違いとは言えない。とはいえ次々に主体や仕組みが変わる不安定な状況がいいはずはない。協会とリーグの対立も、日本バスケが抱えていた足かせだった。

空前のバスケブームを活かせず

実業団チームの休部が相次いだ一方で、１９９０年代後半は日本でバスケットボール人気が高まり、若者たちに深く浸透した時期だった。

まず小学校体育の正課に「ミニバスケットボール」が採用されたのが１９８１年。義務教育を受けた男女ならば、誰でもこの競技に馴染む土壌が用意されていた。

1990年にはスポーツ漫画の金字塔『SLAM DUNK』の連載がスタートし、6年に渡って連載された。1992年にはバルセロナ・オリンピックが開催された。マイケル・ジョーダンらNBAのスーパースターが結集したアメリカ代表（通称ドリームチーム）が圧倒的な強さを見せ、世界にNBAを中心とするバスケットボールカルチャーが広まる。日本でも若者たちはこぞってバッシュを履き、街を闊歩した。

老若男女の注目を集めた時代のヒーローが田臥勇太だった。田臥を擁する秋田県立能代工業高校は1996年からウインターカップ（当時の正式名称は全国高等学校バスケットボール選抜優勝大会）を3連覇し、東京体育館は「札止め」が頻出する。

余談だがインターネット上のコミュニティでは「日本協会がスラムダンクの流行を迷惑がった」という〝都市伝説〟を今も目にする。日本協会が組織としてそのような姿勢を示したことはなく、当時の関係者に尋ねても否定もしくは当惑の反応しかなかった。むしろ協会職員の堀内秀紀は連載が続くよう著者・井上雄彦に激励の手紙を出している。1993年のウインターカップは大会プログラムの表紙をスラムダンクの主人公・桜木花道が飾っていた。

当時のＪＢＬを主導していたグループは、そんな流れに乗ってリーグを盛り上げ、ビジネスとして拡大しようとした。

ＪＢＬの職員だった吉田長寿が振り返る。

「いわゆるプロ化を目指すのがスーパーリーグ構想です。女子はそのときＷＪＢＬ（バスケットボール女子日本リーグ）に別れました。スーパーリーグ構想を前面に立ってやったのが、１９９９年からは専務理事をやっていた吉田正彦さんです」

ＪＢＬではそれまでの実業団リーグとは違う華やかな演出や、フライデーナイトゲームの開催などチャレンジも行われた。２００１年に立ち上がったＪＢＬスーパーリーグでは、ホームタウン制も導入されている。

ただしスーパーリーグは尻すぼみに終わる。バブル崩壊から日本経済は復調せず、休廃部の連鎖も止まらない。思い切ったチャレンジをしたものの投資に見合った収入を得られず、コストの管理も甘かった。１９９５年以降の累積赤字で、リーグは資金的に行き詰まってしまう。

「ＪＢＬの事務所は浜松町にありました。すごくキレイなデザインで、内装を変えたりして、お金を使っていたんです。2フロア借りていましたから、当時の協会から見たら『JBLのオフィスはいいね』という感じでしょうね」（吉田長寿）

日本協会の事務所は各競技団体が集まっていた渋谷の岸記念体育会館。古くて手狭で、夏になると空調さえ満足に効かない劣悪な環境だった。

プロ化を目指す、トップリーグを盛り上げるという狙い自体は間違いでない。しかし企業側の協力を得られない中で、費用対効果の乏しい投資を続けても、それは無謀に過ぎる。当時も今も様々な競技でプロ化構想の挫折は繰り返されているが、この時期のスーパーリーグ構想もそんな例の1つだ。

2001年5月には日本協会副会長の蒔苗昭三郎がリーグに入り、新体制のもとで一旦JBLスーパーリーグは身の丈にあった運営に戻される。

イケイケが一転して、緊縮体制になる。「アリ（協会）がキリギリスを助ける」構図となった。最終的には日本協会がJBLを資金的にフォローし、職員の大幅な削減で経費縮減も図っていく。トップリーグの運営主体変更は、これが3度目だった。

大学バスケ人脈の台頭

プロ化に積極的だったグループの失権により台頭したのが、地方を中心とするグループだ。

地方から選出される評議員の力が強かった当時の日本協会だが、都道府県協会は学校関係者によって動かされている場合が多い。リーグ、協会ともに大学バスケを背景にしたグループが主導権を握るようになった。

日本協会は金尾会長が1990年に退陣した後、財界人が2期4年ずつ会長を務めている。他の一般的な競技団体と同様に、会長は非常勤で名誉職の側面が強かった。財界人、政治家といった名士が務めるポジションで、実務への関わりも濃淡がある。

この時期から2006年世界選手権後の混乱期まで、日本協会を切り盛りした幹部が石川武専務理事と蒔苗副会長の2人。石川は日体大の女子チームを指導し、モントリオール・オリンピックでは5位入賞を果たした女子日本代表のコーチも務めた人物だ。

蒔苗は明治大学バスケットボール部OBで、「辻兵グループ」の幹部を務めていた。なお辻兵グループの傘下には秋田いすゞがあり、同社のバスケ部はのちにいすゞ自動車本体が引き取り日本を代表する強豪となる。秋田いすゞ、いすゞ自動車のヘッドコーチは先述の小浜が務めていた。なおグループの総帥だった辻兵吉（5代目）も1995年から4年間、日本協会の第9代会長を務めていた。

日体大は大学バスケ界の後発勢力だが、日体大関係者は大学バスケや協会内で大きな発言権を持っていた。それにも歴史的な経緯がある。

諸説はあるが、日本にバスケットボールが伝えられたのは1909年。1924年に立教大学、早稲田大学、東京商科大学の3校によるリーグ戦が始められ、戦後は伝統校と新興勢力のグループに分かれていた。1966年にはそれが統一され、「関東大学バスケットボール連盟」が創設された。しかし1976年に早稲田、明治、立教、慶應義塾、東京などによる「七大学連盟」が再分離し、翌年には拓殖、法政、一橋も加わり「東京学生連盟（東京ビッグ10）」が創設される。入れ替えがなく、新興勢力を排除した伝統校リーグだった。

これが意外な展開を生む。大学に選手を送り出す供給源は当然ながら高校で、体育教員は日体大や東京教育大学（現筑波大学）のOBが多い。各高校の教員がビッグ10への人材供給を半ばボイコットし、好選手が教員系大学へ集中するようになった。

1982年に連盟は再統一を果たしたが、出戻りした側は立場が弱くなる。日体大は新興勢力側だが、高校だけでなく選手を送り込む日本リーグのチームに対しても強い立場となった。学生連盟内でもそのOBが力を持つようになっていた。

第3章 日本協会の「応仁の乱」

最悪の状況で開催された２００６年世界選手権

21世紀に入り、バブル経済崩壊の痛手に日本バスケは苦しんでいた。トップリーグの有力チームは休止、消滅が相次ぎ、総崩れに近い状態となった。中央と地方、企業スポーツとプロ推進派のような対立軸が入り組み、雲行きはなお乱れていた。そのような中で２００６年夏にバスケットボール世界選手権（２０１４年からワールドカップに改称）が開催される。

世界選手権は、今となって振り返れば最悪の状況で開催された。招致が決まった9年前とはバスケ界を取り巻く状況が変わっていた。バブル崩壊の傷跡は深く、トップリーグの運営も揺らいでいる。前述のような入り組んだ人間関係の弊害もあった。

世界のスターが集まる大会で国内のバスケットボールが盛り上がり、日本協会やリーグのアクセルとなる——。それを関係者は狙いとしていたはずだ。

しかし実際はこの大会の後処理、13億円の赤字問題がさらなる混乱の引き金となっていく。

日本協会は1980年代中盤から、世界選手権の招致に動いていた。1994年の第12回大会に向けて手を挙げたが、このときは投票で敗れている。

日本が再び立候補したのが2002年大会だ。開催地を決めるFIBAの投票は1997年11月に行われた。日本はアメリカと同票になり、ジョージ・キリアンFIBA会長（当時）の裁定でアメリカが2002年の開催地となる。同時に会長は日本に2001年のヤングメン世界選手権、2006年世界選手権の開催という助け舟を出し、日本協会はこれを受け入れた。

男子世界選手権はプロ解禁を受けて、NBAのスターが集う華やかな大会となっていた。（当時は他競技の「世界陸上」「世界水泳」といった呼称に倣い、「世界バスケ」という国内向けの通称もあった）

大会方式の変更で負担拡大

念願の開催は決まったものの、大会方式の変更が日本協会を苦しめた。２００２年の世界選手権は参加16カ国、２会場制だった。埼玉県の土屋義彦知事（当時）が誘致に乗り気で、日本はさいたまスーパーアリーナでの決勝ラウンド開催を前提に準備を進めていた。バスケ界に限らず、世界のスポーツ界がメディアマネーの流入で経済的に急拡大していったのがこの時期。２００２年に就任したＦＩＢＡのパトリック・バウマン事務総長（２０１８年死去）は世界選手権の拡大を志向していた。

彼は就任直後から動き、２００３年春には２００６年大会の出場国を「24」とするようにＦＩＢＡのセントラルボードへ提案する。日本協会の理事会は、大会の新方式を受け入れる。日程も拡大され、１次ラウンドの４グループはさいたまと別の会場で行う方式となった。当然ながら経費は大幅に増える。

１９９７年に世界選手権の招致委員会が立ち上がった当初は、11億円程度の予算が見込まれていた。それが２００３年に行われた見積もりは最大48億円に膨らんでいた。ＦＩＢＡとの折衝の末に24億円の予算が組まれ、実際は35億円で着地することになる。

2→5の会場数増とそれに伴う人件費増、IT化は間違いなく予算が増えた大きな理由だった。当時はADSL回線がメインで、会場内の有線LANはメディアにとっては必須のインフラだった。そういった回線の運用、配線工事とメンテナンスも、事前に想定していないコストだった。

13億円の赤字には様々な分析がある。後に「ずさんな運営」と批判が盛んに行われ、特に大会を仕切った広告代理店・博報堂への風当たりは強かった。実際に日本協会は2003年に代理店を電通から博報堂に切り替え、世界選手権を前に協会の理事に博報堂から3人を迎え入れていた。

当時のバスケ界にはそもそもスポーツビジネスの知識、ノウハウを持つプロフェッショナルがいなかった。FIBAとの交渉、調整は博報堂を中心にした組織委員会への丸投げに近い状態となっていた。

FIBAが大会の質を上げようとする、チームやメディア、スポンサーへのサービスレベルを高めようとするのは当然だ。逆に主催者の視点に立てば、予算を収入に見合った水準まで抑えなければ大会運営は赤字になる。出費の妥当性をチェックし、ステイクホルダーと調整して収支構造の悪化を止められる人材が、日本のバスケ界には不在だった。スポーツビジネスの進化に対応する当事者能力がなかった。
サッカーのワールドカップに成功に導いたＪＡＷＯＣ（２００２年ＦＩＦＡワールドカップ日本組織委員会）の出身者も、この時期は多くが世界選手権に関わっていた。しかし彼らの手腕も活かされたとは言い難い。

もっとも日本協会が無策だったわけではない。２０００年から個人登録制度を導入し、世界選手権の赤字に備えた予備費の積み立てに動いていた。中学や高校の部員から登録料を取る手法で、協会の収入は急増していた。大会終了後の日本協会は、赤字を埋め合わせてなお繰越金を残している。

チケット販売、集客も不調だったわけではなく、ＦＩＢＡ側の大会運営に関する評価は高かった。だが大幅な赤字と、対応や説明の不備が日本協会への批判につながっていく。

日本スポーツ史上に残る、20か月の権力闘争

大会終了後には石川専務理事、蒔苗副会長らを中心とする執行部への不満が噴出し、結果的には「政権交代」が起こった。日本スポーツ史上に残る、20か月の権力闘争だった。

過去には味方同士だった人間が敵対し、敵だった人間が手を組む――。応仁の乱を想起させるような日々が続いた。

発端は世界選手権の赤字問題だ。2006年9月に大会が終了した後も、組織委員会の決算はなかなか出なかった。大会の決算が出なければ、必然的に日本協会の補正予算も確定できない。決算の確定は大会終了から7か月後の2007年3月までもつれ、総額13億円の赤字決算がようやく公表される。

赤字の半額を日本協会、半額を博報堂が負担する事前の取り決めがあった。日本協会の負担額は6億5000万円で、それに充てるための積立も個人登録料などで事前に用意されていた。しかし2006年度の補正予算について評議員会の承認を得られず、後処理が紛糾する。

評議員会は理事を選任し、予算などの重要議案が諮られる会議体だ。企業ならば株主総会に相当する。2007年春から08年夏にかけてその評議員会が相次いで流会し、日本協会の意思決定が完全にストップした。

「なぜそれほどの赤字が発生したのか?」。そんな疑問が、地方の評議員を中心に湧き起こる。

当初、評議員会は56名で構成されていた。56名は47都道府県の代表1人ずつと、実業団連盟、学生連盟、高体連など9種別の連盟代表を合わせた人数だ。

都道府県協会は関東、東北といったブロック単位で動く場合が多い。福岡県協会を代表して評議員を務めていた梅野哲雄は当時の情勢をこう説明する。

「一番は世界選手権の13億円の赤字、博報堂の問題ですよね。そして日本協会を誰がやるのかです。日本協会が説明責任を果たして会計を明朗にするべしと求めるブロック、俺達が取って代わるぞというブロックと、そこに実連や学連と結びついて動くブロックがあった」

梅野が主導していた九州は「説明責任を果たして会計を明朗にするべしと求めるブロック」だ。

前述の通り中央と地方、プロ推進派と企業スポーツ派が日本協会内における極で、その主導権争いも続いていた。そういった派閥と連携し、協会の主導権を握ろうとするブロックがあった。

反執行部の動きについて、梅野は「中心的にやっていたのは東海ブロック」と見立てを説明する。近畿ブロック（大阪）の原田茂も日本協会の現職理事ながら、反執行部の側に立っていた。原田は樟蔭東高校、樟蔭東女子短大を全国制覇に導き、代表監督も務めた指導者だ。

原田と梅野は日体大ＯＢだが、学閥と一線を画していた。ＪＢＬスーパーリーグの頓挫以降は中枢から離れていた吉田正彦も、この動きに加わっている。

執行部を一新させようとする動きに火がつくのは、世界選手権が終わって半年以上が経過してからだった。

２００７年春の時点で日本協会の会長を務めていたのは、アシックスの創業者である鬼塚喜八郎。批判の矢面に立っていたのは実務を担っていた執行部だ。

最初に反旗を翻した評議員の１人が、後に日本協会の理事も務めた北海道協会の森野和泰。彼は世界選手権の札幌開催に尽力し、同時に中央への不満も強く持っていた。

流会戦術

2007年の日本バスケを象徴する一語は「流会戦術」だ。森野は学校関係者でなく灯油の販売を生業とする実業家。北海道協会の定款、規定作成も司法書士や行政書士に依頼せず、独力で作成している。そんな彼は日本協会の規約を読み込み、この戦術を考案した。評議員会の過半数を取れば、日本協会の執行部を退陣に追い込むことができる。しかし評議員は教員、日体大OBが多い。「学連派」「日体大」の頂点に位置する石川専務理事は固い支持基盤を持っており、反対派の過半数獲得は困難だった。

ただし評議員会には3分の2という定足数があり、それを下回ると会議が成立しない。3分の1は取れるが、過半数の獲得は難しい——。それが反執行部側の勢力だった。彼らはまず評議員会が流会するように仕向け、執行部に圧力をかける。

執行部も手を打った。森野は振り返る。

「我々は流会にするために定足数を満たさないようにした。じゃあどうする?となったら、流会とならないようにするために(執行部が)評議員を増やした。自分の味方を評議員会に入れた」

当時の日本協会の組織、運営について書かれた規定には「評議員の選出」についてこう記されていた。

「この法人には、評議員50名以上80名以内を置く」

「評議員は（中略）加盟団体の推薦する者及び学識経験者のうちから理事会で選出し、会長が任命する」

幹部の地位を守るために評議員を増やす行為の是非は別にして、評議員の増員と理事会による選出に関する制度上の瑕疵はなかった。

2007年4月の理事会で、執行部サイドは「学識経験者」を20名近く追加し、評議員を77名まで増やした。教育関係者に加えてオリンピックのメダリスト、著名なアナウンサーなどの名前も入っている。

しかしそれで事は収まらない。4月22日の評議員会は32名の欠席者が出て、流会となった。5月27日に予定されていた臨時評議員会も出席が48名。3分の2以上（52名）の人数が揃わず、2度目の流会となった。

役員の改選期がちょうど2007年6月に迫っていた。5月、6月には計6回の役員選考委員会が行われ、6月23日の段階で20名の候補者が揃った。鬼塚会長、蒔苗副会長、石川専務理事らの名はなかったが、多くが執行部派のメンバーだった。

6月19日の臨時理事会後には石川専務理事が「評議員の意向を反映させた新しい人事をきちんと提案する」と発言。北海道や宮城、静岡の3評議員の資格停止処分解除を決めるなど、譲歩の姿勢も見せていた。

にもかかわらず混乱はズルズルと長引く。6月24日、7月22日の評議員会も流会となった。不意打ちによる予算案の承認、緊急動議による幹部の再選を警戒して反執行部派のボイコットが続いていていた。

5月下旬、森野は全国の評議員、関係者にこのような文書を送っている。

「47都道府県の競技者を代表する評議員並びに関係者の皆さん考えてみてください!――評議員の否選任、資格停止、除名そして増員が簡単に出来るのか?――」

そう題された文章が、直後に全国の評議員と理事に発送された。内容を抜粋するとこうある。

「理事会は審査のうえ評議員として選出することとする、とあるが評議員が理事を選任する行為が先決であることは明白」「そうでなければ理事会が評議員会を操作、統括し、本来の協会として機能しないことが懸念される」

差出人は匿名で、投函地は千葉県。ただし、この文書の作成者は森野だ。彼は振り返る。「一発目で手紙を送った。日本協会が（森野たちの言動を）誹謗中傷だと言うから、『こんなんじゃバスケ界が終わる』って手紙を全都道府県の評議員と理事に出した」

内容は大よそ〝正論〟で、真偽不明の情報で暴露・中傷をする内容とは違う。しかし日本協会の執行部を警戒し、発信者を出さない形で文書は郵送された。

そんな多数派工作が、すんなりと進んだわけではない。内心では新体制への転換を望んでいても、立場的に造反の意思表示が難しい評議員もいた。事態は膠着状態となる。2007年の夏が過ぎ、バスケ界の内輪では解決が難しい状況に陥っていた。

JOCの介入と新会長誕生までの人事抗争

日本協会の抗争に関わりを持ち、大きな役割を果たした組織が日本オリンピック委員会（JOC）だ。川杉収二事務局長、市原則之専務理事、遅塚研一常務理事らを中心に、彼らは反執行部の側へ立った。

ＪＯＣは堤義明初代会長らの影響力の下で、１９８９年に日本体育協会（現日本スポーツ協会）から独立した組織だ。文部科学省とともに、スポーツ界に対して強い影響力を持っている。

９月29日には日本協会の鬼塚会長が死去しており、代行で凌いでいた新会長の選任は大きな争点だった。

新会長候補として名前が浮上した人物は２人いる。愛知和男は日本協会の副会長兼専務理事を１９９０年に退いたものの、バスケ界への関心を失わず、会長就任の強い意欲を持っていた。

もう１人の候補が、後に内閣総理大臣を務める麻生太郎だ。当時はスポーツ議員連盟の会長で、既にＷＪＢＬの会長も務めていた。ブロック代表による監事会で意見が集約された後、11月10日の記者会見で、森野は麻生への就任要請を公表する。麻生は「評議員会の開催」などを条件に、受諾する意向を示していた。

それでも４か月ぶりに開催された11月25日の臨時評議員会は、５度目の流会となった。出席者は増えたものの、なお納得しない評議員が多く、78名中34名が欠席している。

ＪＯＣは事態の正常化を図り、圧力を強めていく。12月10日には加盟団体審査委員会を開催し、日本バスケットボール協会への補助金（約１１００万円）の停止を決定した。

しかし年が明けた２００８年1月7日、19日の臨時評議員会はいずれも定足数の51名を満たさず流会。麻生を会長とする人事案は成立しなかった。

ＪＯＣは役員選考委員会に関して、構成の変更を要望。５人の選考委員のうち３人が評議員となり、新たな選考委員長には石川会長代行に代わって梅野が就いた。またＪＯＣの指導を受け「地方の声」をより大きく反映させる規定が設けられた。２月24日の評議員会は65人が出席してようやく成立し、まず理事の人選が固まる。

だが2月に複数回行われた役員選考委員会は、新会長候補が割れた。梅野、原田らの「意中」はこの時点で麻生でなく愛知だった。評議員側の３委員は愛知を推し、執行部側の２委員は対抗して石川を推薦。３月２日の評議員会まで、役員案はまとまらなかった。

３月２日の臨時評議員会は、定足数ぎりぎりの51名が出席して成立した。評議員側が選考委開催を要求し、評議員会に出席していた選考委員４名で急きょ人事案をまとめて提案。出席者全員の賛成で承認された。

しかしＪＯＣはそのプロセスを認めず、同月12日に常務理事会を開き、日本バスケットボール協会に処分を科した。内容は無期限の資格停止と、2007年度の国庫補助金約3900万円の全額返上。一時は女子代表が北京オリンピックの出場権を獲得しても、派遣を認めない姿勢だった。

執行部は満身創痍だった。鬼塚会長の死去を受けて2007年10月から会長代行となっていた蒔苗副会長は同年11月に辞任。元自治事務次官で、2002年サッカーW杯で組織委員会長を務めた遠藤安彦が会長代行に就いた。その遠藤も2008年1月に辞任し、石川専務理事が副会長と会長代行に就く異例の体制となっていた。石川会長代行も同年4月上旬にはダウンし、しばらく職務から離れた時期がある。それでも石川は粘りを見せ、愛知体制確立への抵抗を見せた。

日本協会の人事は3月1日の状態に戻され、4月15日に役員選考委員会が再度立ち上げられた。そこからもさらに会長の選出を巡る綱引きが続く。東海ブロックは麻生体制を受け入れる立場で、石川にとっても受け入れ可能な落としどころだった。

麻生太郎会長、佐室有志副会長、民秋史也副会長、深津泰彦副会長、木内貴史専務理事といった役職の評議員会による承認は2008年9月13日までもつれ込む。愛知も副会長として新体制へ加わることになった。

麻生は2008年9月24日、内閣総理大臣に就任している。国務大臣は公益法人の役職員との兼務ができないため、麻生会長は休職扱いとなり、佐室副会長が会長代行となった。

ここに佐室会長代行と木内専務理事の二人三脚で日本協会を引っ張る体制が確立した。佐室は日立製作所の代表取締役副社長も務めた財界人で、木内とともに慶應義塾大のバスケットボール部出身だ。

日本協会役員の任期は2年で、2009年の改選では佐室会長代行の続投が決まった。なお愛知はこれに反対意見を表明し、改選の直前に理事を辞任している。愛知と麻生はいずれも自由民主党の宏池会に属していたが、両者の関係は決して良好なものでなかった。

麻生が総裁を務める自由民主党は同年8月30日の第45回衆議院議員総選挙で敗北を喫し、下野する。麻生は9月に自民党総裁と内閣総理大臣を辞職し、これにより会長へ復帰した。愛知はこの選挙で落選し、政界引退を表明した。

ともあれ日本協会はようやく小康状態を取り戻す。しかしこれは2016年9月のBリーグ開幕まで続く長い激動の、ほんの小休止だった。

第４章 プロ化へ

プロチームになるか、存続を断念するか

日本のスポーツ界は野球やゴルフ、相撲、ボクシングなどの例外を除くと長らくプロフェッショナルを排してきた。特に野球を除くチームスポーツ、オリンピック種目はアマチュアが大前提だった。

しかしオリンピックのアマチュア規制は１９７２年のマイケル・キラニンＩＯＣ会長就任を機に制限緩和が始まった。ＩＯＣは徐々にプロ選手へ門戸を開き、今に至っている。

プロだろうとアマチュアだろうと、チームスポーツの強化には優秀な指導者と施設、そしてレベルの近い対戦相手が必要だ。日本では１９６４年の東京オリンピック以降、サッカーを皮切りにいくつかの競技で日本リーグが設立された。

ただし水泳や体操、テニスは別にすると、日本にはヨーロッパのようなスポーツクラブ文化が定着しなかった。エリートスポーツの強化を企業に依存する体制が、1990年代まで続くことになる。

一方サッカーではプロ志向の強い読売クラブが1970年代に日本リーグ1部に昇格。1986年には「スペシャル・ライセンス・プレイヤー」と称する事実上のプロ契約を認め、それが1993年のJリーグ発足へとつながった。

バスケ界も1997年に外山英明、長谷川誠がプロ契約を締結し「日本人プロ選手」の先駆者となった。1部リーグは外国籍選手が所属していたし、日本人も業務委託、嘱託社員といった形の、実質的なプロ契約を結ぶ選手が増える。

リーグをプロに近づけようとする動きも断続的に行われていた。背景にはバスケットボールを巡る国際情勢の変化もある。1989年4月のFIBA総会でプロとアマのオープン化が決議され、1992年のバルセロナ・オリンピックではNBAのスターが勢揃いした「ドリームチーム」も実現していた。

1993年には日本協会内にプロ化検討部会が設けられ、同年10月に報告が提出されている。年間収入は3億円が想定されており、入場料1億円、TV放映権料等収入1億円、グッズ等約1億円という試算が提示されている。会場に関しては「収容人員が5000人以下では採算上無理」「可能性があるのは全国で数会場」といった実情も示されている。方向性については「プロ化への道は厳しい。しかしバスケットに夢を抱く青少年に応えつつ、アジアで勝つ強化のためにも、プロ化の決断が必要であろう」と述べられている。

ただこの時点で日本協会は最終的にプロ化の断を下していない。

日本協会はその後も少なくとも表面的には、プロ化に積極的だった。もっとも明確なビジョン、それを実現するロードマップを描けていたかというとノーだ。プロチーム、プロリーグの運営と存続はそう甘い話でない。

日本協会の理事、評議員に多かった教育関係者はおおよそビジネスへの理解が浅いか、無関心だ。またバスケ界には長らくホーム&アウェー制の仕組みがなく、リーグ戦にチーム関係者がほとんど携わっていなかった。チームと地方協会も分離していた。つまり興行の実務に通じている関係者が、チームと日本協会にほとんどいなかった。

ＪＢＬは1990年代後半にも、スーパーリーグ構想を掲げて実現に動いた。皮肉なことに、それが企業の撤退を誘発していた。

bjリーグ初代コミッショナーの河内敏光は著書『意地を通せば夢は叶う！ bjリーグの奇跡』の中で、当時をこう振り返っている。

「一九九〇年代も終わりを迎えようという頃、バブル崩壊後の業績不振により経費削減という命題を突きつけられた各企業は、堰を切ったように自社の抱えるスポーツ部を休廃部させていった。バスケットボールもこうした流れの例外ではなく、熊谷組、日本鋼管、日本鉱業と、かつての名門チームが次々にその栄光の歴史に幕を下ろしていったのである。

そこに追い打ちをかけたのが、JBL（バスケットボール日本リーグ機構）の発足に端を発した日本リーグのプロ化計画であった。結果としてみれば『チームをプロ化に向けて存続させるか、断念するか』という二者択一の選択を、残った各企業にせまることになってしまったのである」

河内は三井生命を退社し、新たなチャレンジに向かった。元日本代表監督ながらビジネスや発信の手腕も持った彼は、2000年には大和証券バスケットボール部を引き継いだ「新潟アルビレックスBB」を立ち上げる。JBLスーパーリーグに参戦するプロチームだ。Jリーグクラブ「アルビレックス新潟」を既に軌道に乗せていた学校法人グループの総帥である池田弘の協力を得たものだった。

当初は経営を成り立たせるための環境が確保されていなかった。プロチームにとって大きな収入の柱は、スポンサー料収入と、チケット収入だ。2000年時点でJBLスーパーリーグの興行権はチームになく、チケット収入が各県の協会に入っていた。会場確保も県協会の口添えが必要で、新参者のプロチームは優遇を得られなかった。

新潟アルビレックスBBが県協会に1試合10万円を納めることと引き換えに、入場料収入をクラブに入れられる状況になったのは、3年目のシーズンからだったという。それでも新潟アルビレックスBBは地域に根づいて集客増を果たし、黒字化を成し遂げる。

ミスターバスケットボールが直面した運命

しかし日本協会、JBLのプロ化構想にはなかなか進展がなかった。当時はバブル経済が崩壊し、Jリーグも企業から自立しているとは言い難かった時期。プロ野球でさえ「球団削減」「1リーグ化」が唱えられていた。スポーツビジネスの成功モデルは乏しく、金食い虫と見なされていた。

バスケチームを保有する親会社は度重なるリーグの運営主体交代、混乱を見て、運営への不安も持っていただろう。

チームの相次ぐ休廃部によって、多くの名選手がプレーの場を失っていた。『ファイブ』はいすゞ自動車の廃部に見舞われた〝ミスターバスケットボール〟佐古賢一が、無名チームのアイシンシーホース（現シーホース三河）に拾われ、リストラ仲間とともに躍進を遂げるストーリーだ。

同書の中では2002年のJBLファイナルについて、このような描写がある。

「派手な大会とは言えなかった。いすゞ自動車とトヨタ自動車の対戦は、JBLスーパーリーグ（旧日本バスケットボールリーグ一部）屈指の好カードで、しかもこの試合は今季最後の決勝戦――ファイナル――であった。プロ野球の日本シリーズは観戦券が闇値で定価の幾倍にも高騰するし、プロサッカーJリーグのチャンピオンシップの結果はスポーツ紙の一面を飾る。だが、プロ化されていないJBLのファイナルは、ここ代々木第一体育館の一万席が半分ほどしか埋まらずに空席が目立つ。宣伝役の報道陣の数も野球やサッカーとは比べるべくもない。一般紙は大きな紙面の小さな余地に、申し訳程度に試合の流れを載せるだけだし、スポーツ紙ですらほとんどがカメラマンを送り込まず、運営側が配信する結果を写真なしで転記するだけ」

bjリーグの発足

河内のグループは日本協会側のプロ化が行き詰まった状況を受けて、新リーグの設立に動き出した。のちのbjリーグである。

中村彰久は東大を卒業後、アメリカへのコーチ留学を経て、東京海上火災のバスケットボール部でプロコーチをしていた人物だ。彼はbjリーグの立ち上げに加わり、さらに30代半ばで故郷の仙台でプロチームを立ち上げた。２０１８年に仙台89ＥＲＳの社長を退任し、現在は日本協会のスタッフを務めている。

中村は当時の動きをこう振り返る。

「プロのバスケットボールリーグを創っていかないと、日本のバスケ界はどんどん企業チームの休部廃部で衰退していくよね……という人達の集まりの中に入れてもらっていました。サッカーのような地域に根差したクラブがプロとして経営して、リーグ戦をしていく形を作っていかないと、日本のバスケが衰退するんじゃないか？という思いでした。河内さんをリーダーとして、池田さんや財界の方々も加わってもらって、何とかリーグの設立に向かっていった。品川のマンションや銀座の小さなオフィスを借りて、段ボールの机で作業して……、そういうのを1年くらいやっていましたね。『リーグを作るのは良いけどチームがない』という状況があったので、私も手を挙げました」

細い流れが徐々に広がりを持ち、bjリーグは独立リーグとして大海に漕ぎ出す。2004年1月には新潟と埼玉ブロンコスを中心に、正式なプロリーグ設立勉強会が発足。大学教授や弁護士などの専門家を招き入れ、具体的なプロ化プランを構築する体制ができる。

新潟と埼玉は2004年6月30日にJBLへの脱退届を提出し、2005年11月の新リーグ発足を発表した。

bjリーグは新潟、埼玉と仙台89ERS、東京アパッチ、大阪エヴェッサ、大分ヒートデビルズの6クラブ体制でスタートした。世界選手権を9か月後に控えた2005年11月5日の開幕だった。

bjはドラフト制度、サラリーキャップ（年俸総額上限規制）などの戦力均衡策を導入し、当初は外国人枠もなかった。ルールも工夫し、エンターテイメント性を高め、従来の実業団リーグとは一線を画した新リーグである。

日本協会のプロ化宣言

日本協会もＪＢＬもプロ化を断念したわけではない。

２００２年に設置された「日本バスケットボール活性化特別委員会」や、２００４年に設定された「プロ化実行検討委員会」などで議論が行われている。

bjリーグの開幕に半年先立つ２００５年3月31日、日本協会はプロ化に関する記者会見を行い、「２００7年をめどにプロ化することが望ましい」という内容の答申を発表した。ＪＢＬをプロリーグに脱皮させる構想だった。

プロ化実行検討委員会のトップは、モルテンを世界的なスポーツ用品メーカーに成長させた民秋史也。アディダスのサッカーボール製造に食い込んで大成功し、ＦＩＢＡとも懇意だった立志伝中の実業家だ。

彼は当時の記者会見で述べている。

「プロ化の話は過去10年、出ては消え、出ては消えで結論が出ませんでした。今回はそういうことはあってはならないと思っています。バスケットボールはサッカー、野球と並ぶメジャースポーツなのに地位が確立されていないのはおかしく、協会の力不足。プロを作るだけでいいのではなく、育成も考えて活性化していきたい。五輪出場、メジャー化、育成のツールとして最適なのはプロ化だという結論になりました」

プロ化実行検討委員会の答申では、冒頭で企業スポーツの成り立ちと価値をこう説明している。

「1950～60年代の中頃、『労使協調』『社内一体感』あるいは『企業宣伝』を目的として、日本国内で様々な企業スポーツが誕生しました。日本では、欧米における地域スポーツクラブという環境が未成熟だったこともあり、スポーツ国際的高度化には企業スポーツが大きな役割を果たしていきました。その後、企業内スポーツは福利厚生チームと企業チームに分離していきました。その過程で企業スポーツは、スポーツの高度化を支えるとともに、日本のトップアスリートの卵である高校生や大学生の就職口をも保証したのです。その意味で企業スポーツは、スポーツの高度化だけでなく、日本における大衆化という面でも大きな役割を果たしたと言えます」

その上で現状をこう論じている。

「しかし、国際経済のグローバル化の進展に伴いビジネス環境が急激に変化したことに加え、バブル経済の崩壊による経営の悪化等に伴い、多くの企業が様々なリストラを敢行し、その結果としてチームの休部、廃部も断行せざるを得ない状況になりました。1991年から２００１年までの10年間で、各種スポーツ団体約２００の企業チームが消滅しています。企業経営者が株主に対して企業スポーツ経営の明確な目的とその存在価値を説明できなくなっている大きな原因のひとつであると考えます」

答申ではプロ化の必要性を率直に述べている。

「結論から申し上げれば、60万人の登録者の『憧れのシンボル』を作り出し、バスケットボールのより広範な『普及』と『強化』を推進し、日本において『メジャースポーツ』として認知されるためには『プロ化』という方向性を選択することが、最も有効であるという結論に達しました」

プロリーグに所属するチームの要件としては次のようなものが挙げられている。（以下要約）

・事業運営を遂行するとともに、法律的にも責任の負える事業体であること
・所有企業（個人オーナーを含む）、メインスポンサー、自治体の支援等、安定的経営の裏付けがあること
・自治体及び（本拠地エリアの）バスケットボール協会から、全面的支援を受けることのできる本拠地エリアを持つこと

・本拠地エリアにプロリーグの施設要件を満たしたアリーナを確保し、試合興行を独自で主管すること

またシーズンは10月から4月で、1チームあたり40試合という想定だ。2004－05シーズンのJBLは28試合制だったため、試合を増やそうとしていた。

15年後の今になって読んでも、おおよそ違和感のない内容だ。文面だけを見れば、Bリーグの理想を先取りしていたとも言える。しかし日本協会の挑戦に都道府県協会は無関心で、決して協力的ではなかった。

民秋委員長は答申の会見中にこう見えを切っている。

「自慢していいですか。私達は今回本当に一生懸命頑張りました。その結果と理解していただきたい」

プロ化構想が頓挫し、さらに協会のガバナンスが混乱していた時期になって、この言葉が悪い意味で脚光を浴びることになる。日本協会の執行部の無能さを示すインターネットミーム（ネタ）として「自慢していいですか」のフレーズ、画像は盛んに拡散されることになった。

本業で結果を出している優秀な経営者も、バスケットボールに関わると「ただの人」に

なる。そんなミスマッチは、この後もしばらく繰り返されている。

第5章 bjリーグの発足とスポーツ起業家

プロ化が行き詰まりつつプロチームを受け入れたＪＢＬ

２００５年10月のbjリーグ発足により、日本のバスケットボール界ではトップリーグの分立が始まった。

日本協会もプロ化の方向性は同じだった。ただ最大のステイクホルダーとなる各チームの親会社から、日本協会とリーグは信任を得られていなかった。企業チームの抵抗を受け、２００６年４月にはプロリーグ設立委員会の名称も「新リーグ設立委員会」に改まっている。

プロ化に積極的だった新潟や埼玉には、既に見限られていた。

それでもＪＢＬはプロチームの受け入れを行っていた。２００５年には福岡レッドファルコンズが立ち上がり、ＪＢＬスーパーリーグに参戦した。開幕時のヘッドコーチは原田茂で、福岡県協会の梅野哲雄も協力していた。しかし経営不振により、シーズン半ばでリーグを脱退している。

ＪＢＬは「プロ」を打ち出さないまま、２００７－08シーズンから模様替えを行った。２００７年7月17日に、ＪＢＬという愛称はそのままで、新リーグ「日本バスケットボールリーグ」を発表している。

新ＪＢＬの理事長に就いた民秋はこう述べた。

「今の日本を見ていると、チームは自主独立でやりなさい、選手は自分たちで飯を食べなさい、自分たちでスポンサーを集めなさいということができるのか。やはり現実対応の路線をとらなければいけない。（プロ化の）結論が出なかった、力が及ばなかったという風にご理解いただきたい」

レラカムイ北海道、オーエスジー（現三遠ネオフェニックス）、三菱電機（現名古屋ダイヤモンドドルフィンズ）の3チームは興行権を持ち、残る5チームはＪＢＬが再移譲を受ける形となった（詳しくは第6章を参照）。

２００７年秋からＪＢＬに参入したプロクラブが、レラカムイ北海道だ。初代社長の水澤佳寿子は介護事業の会社を立ち上げて売却した女性経営者で、その資金をスポーツビジネスに投資していた。bjリーグからの誘いもあった中で、JBLを選んでいた。

参入ハードルを下げて起業家を引き込む

一方でこの時期に勢いがあったのは、間違いなくbjリーグだ。bjは毎年のようにエクスパンション（拡張）を行い、全国各地にプロバスケットボールチームを展開していく。選手のサラリーキャップは7200万円（初年度）とお手頃で、年間予算が2億円弱でも成り立つビジネスモデルだった。大資本を背景にしていない個人でも、挑戦できる規模になる。それまでこの競技と縁のなかったクラブ経営者が、次々に誕生していた。

滋賀レイクスターズは4シーズン目の2008年から、bjリーグに参入している。クラブ創設者で初代社長の坂井信介は当時39歳。日本国内の大学を中退した後に中国へ留学し、沢木耕太郎に憧れて大陸を旅するモラトリアム期間を経て、専門商社の駐在員を務めていた。高校時代は野球部だった彼だが、香港でドラゴンボート（中国にルーツを持つ団体カヌー競技）レースと出会い、これに熱中する。ドラゴンボートを日本に広めようと考えていた30代中盤に差し掛かった彼は「香港で仕事をして、週末は琵琶湖畔に戻ってくる」生活をしていた。

そして坂井は、スポーツビジネスを志すようになる。

「広瀬一郎さんのスポーツマネジメントスクールというものを、同志社大学の大学院が主催していました。社会人向けの聴講コースで、週イチのコースを3か月間、広瀬さんがやっていた。Jリーグや野球でチャンスあり、スポーツを仕事にできたらなと思ったのがきっかけです。一方30代中盤になっていましたので、社員でというよりは自分で何かを立ち上げたいという考え方もありました。

当初『Jリーグってどうかな?』と思ったんです。だけどスポーツマネジメントスクールに行って初めて分かったのは20億、30億とかかっていて、どこも採算が取れていないという現実でした」

故・広瀬一郎氏によるスポーツマネジメントスクール(SMS)は東京、北海道などでも開催され、バスケ界を含めてスポーツ界のマネジメントを担う人材を多く輩出した機関だった。坂井はそこで今につながる出会いを得た。既にプロバスケット参入を決めていた経営者と、彼は面識を持つ。

「レラカムイ北海道の水澤さんがいて『バスケットはプロ化が今後進む』と仰っていた。

（事業規模を）聞いたら『5億、6億じゃないの』という話で、Jリーグの5分の1ぐらいならできるかな？と思ったんです。香港駐在中に出張で訪れるフィリピンのバスケ熱には驚いていました。中国もプロリーグがスタートしていて、バスケのポテンシャルは常々感じていました」

坂井は北海道に飛び、レラカムイのインターン生になった。ただし彼が札幌で過ごしたのは2007年1月からの3か月間で、初年度の開幕戦を待たずに滋賀へ戻っている。坂井はJBLでなく、bjリーグを選んだ。

「北海道で初めてbjとJBLの違いも分かって、bjならできるとほぼ確信を得ました。イニシャルコストが違いますし、JBLは収入を作り出すような形になっていなかった。プロ化・収益化の意識が進んでいたのは、新潟とオーエスジー（現在の三遠ネオフェニックス）だけだったと思います。なので彼らは志を同じくする者同士でリーグを作らないとプロリーグは成功しないということで、bjに移ったんですね」

プロチームがJBLに参入した場合、主な対戦相手はプロではないが、それでもトヨタや東芝、日立製作所といった世界的大企業だ。営業活動なしでも年間3億、4億の予算があり、選手への待遇はbjリーグ以上で、練習などの環境も整っている。徒手空拳のクラブと経営者がそれに挑もうとすれば、出費も跳ね上がって追いつかなくなる。対するbjリーグは門戸が広かったと、坂井は振り返る。

「選手の供給、サラリーキャップ、戦力均衡、分配金のシステムを考えると、継続性が確保できると思いましたね。2億とか3億の売上なら、強固な地盤が無くても『まあ行けるかな』と考えました」

資金集め、資金繰り…

bjには財界からの追い風もあった。bjリーグの初代取締役会長が木村育生。彼は「インボイス」の創業者で、財界の寵児でもあった。新潟の池田とともに、このリーグの草創期を支えた人物だ。坂井は説明する。

「木村さんと池田さんがニュービジネス協議会の幹部でした。ニュービジネス協議会は振興の経済団体ですが当時、新興の地方優良企業が多数登録して、優秀な若手経営者が集まっていると聞いていました。お2人が『新しいプロリーグでチームを持ちませんか？』と全国の経営者に声掛けをしていたようです。滋賀の株主でオプテックスという企業があるんですけれど、そちらもニュービジネス協議会関西支部の役員企業で、木村氏や池田氏と接点があった。私が話をしたときに『ああ、あの話か、地元・滋賀のためになるならば応援するわ』となりました」

とはいえゼロからの立ち上げは、かなり骨の折れるプロセスだ。坂井はbjリーグ、滋賀県のバスケ協会、経済界にコンタクトを取った。

「bjは最初、阿部さん（達也・専務取締役、現大阪エヴェッサGM）に会いました。地元は知り合いの知り合いをたどってバスケ協会にまず挨拶に行って『こういう運動をしますんで』とお伝えしました。当時は応援してもらえなくて『静観しているよ。楽しみにしているね』という感じでした」

経済界、企業からの支援も当然ながら大切だ。

「商工会議所とか経済同友会、中小企業家同友会、青年会議所もありますけど、地域によってどこが強いか違うんです。ライオンズクラブやロータリークラブが影響力もっている場合もある。それは地域ごとに聞きながら、地域の有力者みたいな方を紹介してもらいながらです。『滋賀はJリーグがありません。バスケは今後人気が出ると思います。規模的にも大きな負担をかけず、広く浅く応援してもらえば行ける。5万、10万お願いします』

という内容で、初年度の営業をやりました」

株式会社として設立する以上は、資本も集めなければいけない。坂井は振り返る。

「僕が筆頭株主でいたほうが決断は早いということで、支援者の1人に個人で借りて、何とか2500万円を出しました。個人で出すにはちょっと大きいお金ですよね。1年目の資本金7500万円で、僕が3分の1でした。2年目にシーズンが始まったら、資本金と同額レベルの赤字が出る。だからすぐ銀行から運転資金を借りて、それで回してギリギリというのが現実です」

資本が手厚いとは言えず、なおかつ赤字となれば、資金繰りが楽なはずはない。新興クラブの一般的な資金繰りについて、彼はこう説明する。

「当時は国民生活金融公庫（現在は日本政策金融公庫に統合）が、起業した自営業者向けの融資で、2000万円から3000万円くらいまでの開業資金を、そこまで厳しくない審査で貸してくれました。まず国金で2000万〜3000万円。地銀にお願いしてギリギリ2000万〜3000万円……。それで5000万円くらいまではいけるような感じでした」

借り入れと資本金を使い切れば、当然ながら資金繰りが回らなくなる。1年目の手当はできても、最終的に行き詰まったクラブが現実にいくつもある。坂井は述べる。

「その次（の資金）がなかなか出なくて、難しいんです。黒字にならないチームは、泣きまくって増資でつなぐか、ケチケチ大作戦で……という縮小均衡になります。ウチは2年目に赤字が半減して、3年目で単年黒字に持っていけたので資金繰りは落ち着きました。その後は赤字を出ださないように気をつけながら、段階的に成長できました」

この取材は2019年8月、琵琶湖畔のレストランで行った。そのとき坂井はポツリとこう漏らした。

「嬉しいことに、ちょうど来月に2500万円を完済するんです」

12年を費やして、彼はクラブ立ち上げ時に負った借金を返し切った。

栃木の「草の根活動」と北海道の「修羅場」

スポーツビジネスは不安定で、収入に見合わない激務である場合が多い。それは2020年の今も変わらない。

しかしスポーツには夢があり、人をその気にさせる魔力がある。

バスケットボール界にプロ化の波が押し寄せつつあった当時、そのビジネスやメディアに携わろうという野心を持つ若者は増えていた。

2000年代前半、「4年生のさよなら試合イベント」を企画しているBOJ(Basketball of Japan)というインカレの学生グループが誕生した。BOJはリーグ、クラブ、メディアとバスケットボールに絡むコート外のプロを何人も輩出している。

下出恒平は2000年前後に早大の所沢キャンパスで学生生活を送り、バスケ界ではスタッフとして4つのプロクラブを渡り歩いている人物だ。中学高校とバスケ部でプレーし、大学でもバスケサークルに所属していた。BOJのメンバーではないが、同じキャンパスのバスケ好きとして、近い関係性だった。彼は振り返る。

「BOJのメンバーのうち何人かが、同じバスケサークルでした。大学バスケを盛り上げようということで、バスケ記者をやりたい、バスケを自分たちの手でもっと盛り上げようという子たちでした」

そんな若者たちの奮闘が、下出の行動にも影響を与えた。

「下の学年なので、変な言い方ですが下に見ていた子たちなんです。だからこそ『自分たちでこんなことができるんだ』と思いました」

下出はスポーツ関連のサイトやイベントを運営する企業に入社し、bjのスタートアップにも多少の関わりを持った。彼が在籍していた企業は大塚商会から集客や盛り上げの仕事も受けていた。2006年、その大塚商会を母体としたプロ化の話が持ち上がる。2007年の新リーグ発足を前に、5つの団体が審査を受けていた。

チーム消滅が相次いでいた当時は特例による昇格が相次いでおり、大塚商会は2005年に日本リーグ（JBLスーパーリーグに次ぐ実質2部）まで上がっていた。

プロ化の受け入れ先として候補に挙がったのは栃木県だ。当時はJリーグクラブがなく、なおかつ大塚商会の創業者・大塚実が栃木県益子町の出身だった。県内では2004年頃から有志によるプロバスケットボールチーム設立に向けた活動が始まっており、2005年12月に「栃木県にプロバスケットボールチームを作る会」も設立されていた。

東京で生まれ育った20代半ばの若者がいわば先遣隊として「作る会」に合流し、栃木で草の根の活動をスタートさせた。下出は振り返る。

「街なかで『プロチームがあったら良くないですか？署名してください』というところか

ら始めたんです」

大塚商会は新チームに会員資格の譲渡を行ったものの、結果的に資本参加を行わなかった。しかしこの流れが現在の宇都宮ブレックス（2018－19シーズンまでは栃木ブレックス）につながっている。

当時のJBLが新規参入クラブの条件として出していたのはまず法人格だった。資本金、スポンサーの見込みなどの財政面も審査対象で、自治体の支援表明書も要求されていた。下出はこう説明する。

「9000万円くらいは行ける見込みが立っていました。現地の人たちで協力してくれる人たちができて、その中には今もブレックスに関わってくれている人が一杯います。まず（栃木の）バスケ協会がOK、知事の協力もOKで法人のメドもたっていました。スポンサーはちょっと足りていない、というところまでいきました」

2006年4月3日、「2007年秋に開幕する男子プロリーグの新規参入チーム」として北海道、栃木、千葉の3団体が内定した。しかし日本協会は同年7月に方針を転換し、北海道を除く2チームの参加を見送る決定を行う。

ただ2006年6月の時点で、既に今の宇都宮ブレックスにつながる法人として「ドリームチームエンターテイメント栃木」の登記をしていた。実は登記上、下出はブレックスの初代社長なのだが、本人は冗談まじりにこう述べる。

「初代でなくゼロ代社長ですね。そこで何もやっていないので（笑）」

栃木のチームのプロリーグ参加が実現せず、下出は昇格を争ったライバルクラブ、レラカムイ北海道に引き抜かれることになった。

「（水澤社長から）役員的な立場で、経営視点でやらない？と言われたんです」

しかし下出は北海道でかなりキツい経験をすることになる。

「役員の肩書があれば、サラリー的にも悪くないと思っていたんですけど、手取りは当時の大卒初任給並み。社用の携帯がなくて、携帯料金が月に3万とか3万5000円とか行くんですよね。家賃で5万、6万、ガソリン代で2万、3万円みたいな感じで、貯金は全部なくなりました」

レラカムイは場内に4面スクリーンを設置するなど、質の高い興行を行っていた。北海道メディアの取り上げもあり、入場者数も当時のJBLではナンバーワンを誇っていた。

一方でスタッフの経験不足は否めず、大胆なチャレンジによるコストもかかっていた。経営の内情は厳しく、社員や役員にもそのしわ寄せが出ていた。

1シーズン目の終了後には、彼が大塚商会から引っ張った選手5人のうち3人が一気に解雇された。下出は2008年春、1年半の在籍で北海道を去ることになる。

「『実力が足りないな』という選手は確かにいたんですけれど、解雇に際し、会社側の態度をとても不義理に感じました。そのような環境で続けることができないと伝えて辞めたんです」

リクルート人脈の絡み合い

北海道を退社した下出は「古巣」のリンク栃木ブレックス（当時）に社員として迎え入れられた。JBLはオーエスジーフェニックスが2007－08シーズン限りで退会し、bjリーグに転籍していた。ブレックスはJBL2（2部）に所属していたが、枠が空いた中で、2008－09シーズンに1部参入を認められる。下出は言う。

「ブレックス的には2部から1部に上がるタイミングで、人も増やさなければいけなかった。広報だったら空いているからどう？という感じで、6月から入りました。その2か月後に田臥が来ました」

ブレックスは1部参入と同時に精力的な補強を行った。特に日本人初のNBAプレイヤー田臥勇太の獲得はセンセーショナルで、クラブの飛躍につながった投資だった。昇格2季目の2009－10シーズンには早くもJBLを制し、JBLにおけるプロクラブの成功モデルとなっていく。

一方でブレックスがbjリーグに参入していた可能性もあった。当時の社長はリクルート出身の山谷拓志。山谷は、リンク栃木ブレックスとして立ち上がるクラブの経営者として成功を収め、後にクラブからリーグに移ってバスケ界のキーマンとなっていく。現在は茨城ロボッツの社長を務めている。彼はこう説明する。

「栃木のチームを作るときには、bjリーグから勧誘されていたんですね。『立ち上げる会』をやっていた人もbjリーグに話を聞きに行っていました。僕も阿部（達也）さんとかに話を聞きに行った記憶があるんです。大塚商会を引き継ぐことになったので、しばらくJBL2でやりますと。でも『いずれはbjでやるんでしょう？』みたいな話だったんですね」

阿部達也はbjリーグの専務取締役で、実務のキーパーソンだった。京都大学のバスケットボール部出身で、学生時代から日本協会の強化やリーグの運営にボランティアで携わり、リクルートに就職後もＪＢＬに関わっていた。その能力、熱意を見込んだ河内敏光コミッショナーに誘われ、bjリーグに立ち上げ前から参加していた。

山谷もリクルートの出身で、阿部は同社の先輩に当たる。余談だがＪリーグの村井満チェアマンを筆頭に、リクルートＯＢはスポーツ界の一大勢力だ。


しかしブレックスはＪＢＬに根を下ろした。山谷は振り返る。

「オーエスジーが（ＪＢＬからbjに移籍して）抜けてしまった。２部だった栃木に『上がりますか？』という話がきて、手を挙げたんです。審査ももちろん受けましたが、リンクアンドモチベーションという大きなスポンサーもあったので、１部昇格が認められました。２００７年11月がＪＢＬ２の開幕だったんですけれど、８月には２００８－09シーズンからＪＢＬに上がると決まっていた」

決断の背景には選手の意向もあった。

「選手に話をしたら、みんなＪＢＬでプレーをしたいというんですよ。プロとかアマという考え方でなく、レベルが高く日本代表が選ばれる選手のいるリーグがＪＢＬなら、僕らはそちらを目指したいと」

山谷はbjリーグ側へ「仁義」を切りに行く。

「行くという意思表明はしていなかったし、明確に『来い』とも言われなかった。だけど最初に相談した手前、阿部さんのところに行きました。『プロチームがJBLでできるわけないし、どういう状況になるか分かっている？』って言われましたね。良かれと思って言ってくれたのでしょう。僕らも『そうかな』と思いつつ、JBLでもがいてみますという感じで始めたんです」

彼とbjリーグの因縁がここに始まった。

第6章 JBLの苦悩と男たちの奮闘

ビジネスマン不在の興行体制

ＪＢＬにも２００７年にレラカムイ北海道、２００８年に栃木ブレックス（２０１９年に宇都宮ブレックスと改称）と相次いでプロチームが加わり、変革が始まっていた。当時のＪＢＬは理事長が非常勤で、吉田長寿が２００９年から事務局長に就いてリーグを切り盛りしていた。増田匡彦は２００９年5月にＪＢＬの職員となり、現在はＢリーグの要職についている。

増田は藤枝東高のバスケットボール部出身で、同級生には後にサッカー日本代表のキャプテンを務める長谷部誠がいた。大学を卒業後はＩＴ系の企業に就職し、システムエンジニア（ＳＥ）、プログラマーとして勤務をしていた。

増田は出向で2006年の世界選手権の運営に携わっており、バスケ界とのつながりができていた。大会終了後はJリーグデータセンターに出向し、スポーツビジネスとの関わりを続けていた。Jリーグへの出向が終わった彼は、バスケ界への転身を考える。

彼は多少の皮肉を込めて、転身の理由をこう振り返る。

「当時スポーツ界では最先端だと思っていたJリーグでもITの導入が遅れていて、バスケはひどいだろうなと思ったんです。僕は広報で入っています。なぜ広報かというとまず公式サイトがダメだった。僕もデザインはそんなにできないですけど、デザイナーさんや発注先の方と言葉が通じるし、コンピュータ言語も多少分かる。どうプロジェクトを組んで、納期をいつまでに、という作業はSEとしてやっていましたので」

増田が加わった当時、JBLの常勤職員は吉田長寿を含めて二桁に達しない人数だった。40人を超える現在のBリーグとは比較にならない小所帯で、リーグ戦を回す必要があった。三菱電機、モルテンが主要スポンサーとして支えていたが、台所事情も潤沢でなかった。

増田は当時の体制をこう説明する。

「具体的な数字を追い求めたことはなくて、そもそもビジネスマンがリーグの中にいなかった。スポンサー営業はいますけれど、まったく売れないわけです。新規営業をやる人間が1人入りましたけれど、すぐ辞めちゃいましたね。給料も安いし、労働環境はメチャクチャ悪かった」

ＪＢＬも２００６年から、都道府県協会でなくクラブが興行権を持てる仕組みに変わっていた。しかし企業チームにとって興行権は不要で、ともすると迷惑なものだ。仮に数千万円レベルの入場料収入があったとしても、大企業の定款を書き換えるのは現実的でなく、雑所得を計上する手間も煩雑だ。２０１０－11シーズンの段階ではトヨタ自動車、日立製作所、アイシンの3チームが興行権を放棄していた。

ＪＢＬは社団法人だったが、傘下に「株式会社日本バスケットボールオペレーションズ（ＪＢＯ）」という企業を設立し、そういったチームの興行権を引き取っていた。選手人件費はもちろん企業持ちだが、運営費、会場経費、スポンサーやチケット販売の権利をＪＢＯが持っていた。吉田長寿はリーグの事務局長と、ＪＢＯの社長を兼任していた。

フジテレビ「月9」に持ち込まれた対決姿勢

増田がＪＢＬの職員となって最初の大きな仕事が、フジテレビ系列のドラマ『ブザー・

ビート〜崖っぷちのヒーロー〜』の収録対応だった。架空のプロバスケットボールリーグ「PBA」を舞台とする内容で、JBL、bjの両リーグが収録に協力し、五十嵐圭のような現役選手も出演していた。

増田は振り返る。

「(五十嵐)圭さんはライバルチームのエースガードみたいな形でしたね。今こそチームの広報に言えば『ぜひやりましょう』と話が進みますけれど、当時はチームマネージャーが広報で、言っても調整できないんですよ」

ドラマの第9話には「PBA開幕記者会見」のシーンがあり、両リーグの選手が普段のユニフォームを着用して並ぶ場面が用意されていた。ただ当時はJBLとbjリーグの選手が共演することは許されないという暗黙の了解があった。もちろんフジテレビの「月9」に露出するチャンスを捨てかねない判断は、今となれば考えられない。増田も逡巡を感じつつ、一度は共演NGの意向をテレビ局に伝えたという。

増田は今になって明かす。

「あのドラマは若い子に見てもらっていて、旬な俳優さんも出ていた。こんなにプロモーションができるのに、選手を出さないわけにいかない。最初は『(bjの選手と同じ画面に)出せないです』と言ったらフジテレビさんがものすごく怒った。『なぜこんなときにやらないいんですか?』って言われて調整しました」

最終的にはフジテレビの思いと、増田の「黙認」が奏功して、両リーグの共演は果たされた。架空の2チームに加えてbjリーグの浜松・東三河フェニックス、JBLのトヨタ自動車アルバルク、リンク栃木ブレックス、埼玉ブロンコスなど2つのリーグの現役選手が並ぶ奇跡のシーンが実現している。リーグ広報の増田、ブレックス広報の下出もエキストラ的に出演している。

あとになって考えればこのフジテレビのドラマは、バスケ界の淀んだ空気を変え、いい方向に向かわせる1つのきっかけだったのかもしれない。

プロチームのレラカムイ北海道を除名

2010-11シーズンのJBL1部8チームのうち、プロはレラカムイ北海道とリンク栃木ブレックス(当時)の2チームだった。しかし2011年、北海道の地からその一角が消えかねない事態が起こる。

　平均入場者数を見ればレラカムイは1シーズン目が3295人、2シーズン目は3521人と、JBLでもダントツの成果を出していた。にもかかわらずメインスポンサーがつかず、コスト管理のようなビジネス的な足腰も未熟だった。3シーズン目には取引先や選手への不払いが発生し、存続を危ぶまれる状況に陥っていた。増田は言う。

「当時は開幕が10月で閉幕が3月末。当時は会社の事業年度が4月から3月だったので、3月までにシーズンを終わらせていました。12月の末になったくらいに『本当にヤバイ』となって、水澤社長と吉田が話している横で議事メモを作ったりしていました。そして1月に除名を決議する理事会がありました」

　公表された除名理由は年会費の2年連続未納と、虚偽の決算書提出。1月19日に札幌市内で記者会見を開いた吉田長寿は、累積債務がクラブの報告する2億3000万円の倍であるという説明を行っている。JBOがクラブから興行権を引き上げ、ホームゲームの運営や撤収は吉田、増田らが現場に行って手伝った。1月22日の東芝戦には、6人の職員が東京から駆けつけて準備にあたった。

　選手たちとは減額した報酬で新チームと再契約を結び、チーム名も暫定的に「北海道バスケットボールクラブ」と改められた。旧法人の代理人が当初「レラカムイ北海道」のチーム名やロゴを継続して使う場合の使用料を要求していたため、選手たちは「レラカムイ」のロゴをマスキングしてプレーすることになった。

レラカムイの試合をすべて中止にする方法もあるし、そのほうが経済的にはリーグの負担が小さかっただろう。演出などのコストを最低限に抑え、手弁当で興行を行っていたが、試合をやればやるほど赤字を出す状況だったという。

だがプロチームがリーグへ加わり、ＪＢＬには新たな責任が生まれていた。増田はこう説明する。

「プロチームとして栃木ブレックスがありました。ホームゲームが収入源なので、レラカムイ北海道戦がなくなる減収分を賠償しなければいけない」

増田は東京と札幌を往復してリーグの仕事とレラカムイの仕事を両立していた。激動の日々を彼はこう振り返る。

「大体（午前）2時3時くらいまで仕事をしていました。リーグの仕事があったので東京にも帰らないといけないし、札幌で2時3時までやって、朝イチで北海道から東京に帰ってリーグの仕事をしてみたいなのはしょっちゅうです。休みはこの時期からはほぼないと思います」

ファン、北海道民の失望は容易に想像できる。体制変更直後の東芝戦こそ2000人近い観客を集めたが、試合を重ねるごとに集客は悪化。3月4日の日立製作所戦は395人にとどまった。

ただし手弁当の運営は結果として6試合にとどまっている。2011年3月11日に東日本大震災が発生し、2010－11シーズンがレギュラーシーズンの6試合と、プレーオフを残して打ち切りになったからだ。

名選手が再出発に乗り出す

2月10日には吉田長寿が札幌で記者会見を行い、オーナー会社の公募を発表している。道内にチーム本拠地を置くことが条件で、募集期限は3月末だった。しかし東日本大震災の影響もあり、応募のあった2者との交渉が決着しなかった。

ここで手を挙げたのは既に40歳で、チームのキャプテンも務めていた折茂武彦。1991年から2007年まではトヨタ自動車でプレーし、その間に日本代表として2度の世界選手権に出場した名選手だ。株式会社による運営も模索されたが、折茂を理事長とする社団法人としてクラブを発足させることになった。

折茂は当時の心境をこう説明する。

「最後だと思って北海道に来たわけですから。それにあの当時、レラカムイは圧倒的な動員力を誇っていました。それだけバスケ熱が非常に高く、ファンの人も応援してくれる。自分の責任としてやらなければいけないという思いでした。いろんなことが重なった年だったんですよ。レラカムイが無くなってしまう負の連鎖が大きくて、なおかつ東北の大震災からリーグが中断して……」

責任感だけでなく未来への期待感もあったのではないか？　そう尋ねると、彼は首を横に振った。

「希望なんて微塵も思わなかった。自分の責任として北海道に来て、たくさんの方々に支えられてプレーできたことへの恩返しがあった。それ以外はほぼ考えなかったですね」

折茂は企業チームに対する抵抗感を持つ一方で、bjリーグにシンパシーを持っていた。

「なかなかこっちのリーグでプロ化の話をしても進まないから、フライングで始めちゃったのがbjリーグの始まりだと思います。ある意味で、bjの方が自分の中でしっくりいくリーグに見えたんです」

折茂は自宅にチームメイトを集めて問いかけた。このままＪＢＬに残るのか、bjに行くのか。彼はこう振り返る。

「その前にbjの人にも会っていたんです。コスト的なことを考えればbjの方があの当時はやりやすかった。それで選手を集めてどっちがいい？と聞いたら、ＪＢＬだった」

折茂にとってＪＢＬ専務理事、ＪＢＯ社長の吉田長寿は日大バスケットボール部の1年先輩だ。大学時代は後輩に優しく「仏」だった吉田が、ＪＢＬとbjリーグで心が揺れている後輩を強く引き止めた一幕もあったという。

ただし吉田は親身になって新米経営者を支えた。折茂はこう感謝を口にする。

「僕を一番はじめに担いだのは吉田長寿ですからね。『オレはＪＢＬを辞めるから。オレがそっちに行ってやる』と言って、それくらいの覚悟を持って僕を担いだ。長さんは本当にすごい人ですよ」


クラブは新法人「一般社団法人北海道総合スポーツクラブ」として再出発を果たす。ＦＣバルセロナのような薄く広く「ソシオ」の支援を集め、成り立たせる事業モデルが構想されていた。

レラカムイの水澤社長に不信感を抱き、距離を置いていた北海道協会の森野和泰専務理事も、新チームや折茂には協力を惜しまなかった。

新チームの愛称「レバンガ」は120通の応募をもとに8月8日の理事会で決定された。「道内在住の男性の案」と発表されたが、実は森野の案だった。増田は命名の経緯をこう振り返る。

「公募してかなり多くの応募があって、その中から理事会で選んだんです。本当にたまたま森野さんの案だったんです。『この紙を入れておけ』と言われて、僕は見ていましたけれど、それを言っちゃいけないと思って……。折茂さんとか佐古（賢一）さんが理事でいて、名前が挙がってピックアップして2つか3つ残った。挙手を取ったらみんな『レバンガ北海道』でした」

森野は命名の理由をこう説明する。

「がんばれでレバンガ、逆にすればいい。道産子でコンサドーレというのもあった。それとレラカムイもそうだけど、レオンとか、レって大きな感じがするじゃない？だからこれちょうどいいじゃないって」

新米経営者の危機と起死回生の一手

とはいえレバンガの立ち上げも苦難を極める。名選手として栄光を極めたヒーローも、経営者として未熟だった。折茂は振り返る。

「一般社団法人北海道総合スポーツクラブは、年に（営業収入が）4000万円くらいしか集まらなかった。それなのに人件費に7000万円とか8000万円も使ったんですよ。自分は選手だったので、勝ちたかった。何とかスポンサーが集まるだろう、人は入るだろう……。そういう『だろう』で入ってしまった。それが大きな間違いでスポンサーも集まらなければ、人も全然入らない。そうするともう払う手段がなくなる。自分がレラカムイ時代、給料が未払いになって選手がどんな気持ちだったか分かっているので、それだけは避けなければいけなかった。どうするかと言ったら自分の金をつぎ込むしかない。それでやってきたけれど限界がありますよね」

当時は常勤のスタッフが折茂を含めて3人。増田たちのヘルプがあったとはいえ、そのような小人数で経営が回るはずもなかった。

「人が少ないのは本当に致命的ですね。リーグからもいろんな協力をいただいたものの、動くのは実質3人だった。今から考えたらできるわけがない。それでどんどん深みにハマっていく状況でした」

折茂は行き詰まりを感じていた。

「社団法人にしろと言われたのは、株式会社だと1人に責任が行ってしまうからです。でも結局フタを空けてみれば、僕は（代表取締役ではなく）理事長ではあるものの、責任とお金がすべて僕にかかる。理事の方はいたけれど、すぐにみんなが集まることは難しい。何が問題かといったら物事が進んでいかない。その時点でかなりの負債も抱えていました」

クラブ立ち上げから2年、新米経営者の下した決断は株式会社化だった。

「最後の賭けで株式会社にしました。どうせ自分が責任をとってすべてかぶるのであれば、自分の決断だけで物事を進めたほうが後悔はしないと思ったんです」

出資に応じて救世主になったのが、株式会社正栄プロジェクトの経営者・美山正広だ。

折茂はこう言い切る。「レバンガができたときに一番初めに行ったのは美山さんで、スポンサーを引き受けていただいた経緯があります。僕が最後の賭けで株式会社にしたいと出資をお願いしたのも美山さん。そこでノーと言われていれば、今このチームは無いと思います」

苦しいクラブ経営は続いたが、存続の危機はこれで脱した。折茂がもがいて這い上がったことは、今につながる布石にもなった。しかしレバンガが債務超過を解消するのは、株式会社化から5年後の2018年3月期を待たなければならなかった。

バスケの素人がリーグを動かせるのか？

折茂はリーグの運営に対しても行き詰まりを感じていた。

「リーグの会議に参加するようになって、初めて行ったときに愕然としました。『これじゃプロになるわけないよな』って本当に思いましたね。どこも企業系のチームで、その当時はウチと栃木さんしかプロチームはなかった。（企業チームは）自分たちのことばかりで、日本のバスケ全体を考えている人が1人もいない。代表者といっても決定権のない人が来ているので、すぐ持ち帰る。だからその場で決を採れないんです。で、次に来たらその代表者が変わっている」

現在のBリーグはクラブが独立して法人化し、リーグの代表者会議は決裁権を持つ代表取締役が参加する。だからそこで議論がされるだけでなく、決定も下されている。JBLやNBL時代、リーグの代表者会議に出席する企業チームの代表者はバスケットボール部長だった。彼らはともすれば「バスケの素人」で、その場で判断を下す権限を与えられておらず、込み入った議論は棚上げになることも多かった。プロとアマが混ざる体制には、そのような難点が伴っていた。

第7章 合流の模索

新リーグ構想とbjリーグの公認

２つに割れたリーグをどう合流させるか――。それが日本バスケにとって10年に及ぶ懸案だった。

bjリーグは日本協会の慰留を押し切る形で２００５年に発足し、一時は日本協会と断絶状態となっていた。

国際バスケットボール連盟（ＦＩＢＡ）も状況に懸念を抱き、２００８年頃から日本側に状況を改善すべく要望を行っている。

日本協会は２００８年９月に新体制が発足し佐室副会長（一時は会長代行）、木内専務理事によるリーダーシップが確立していた。

２００８年末には日本協会、ＪＢＬ、bjリーグの揃った「トップリーグあり方検討委員会」が開設される。元文部省審議官の石川晋が会長を務め、精力的に取り組んでいた。

もちろん、すんなりと解決できる問題ではない。

吉田長寿はＪＢＬの専務理事を務めつつ、２００８年から日本協会の理事にも入っていた。「あり方検討委員会」の議論をこう振り返る。

「月1で2時間くらいやりましたが並行線ですね。お互いの主張が先に出てしまいました。特にbj側はプロだということですから、一歩も引かない。ＪＢＬの企業が何か条件を出した瞬間に、席を外すくらいの勢いでした」

ＪＢＬ側の温度感も冷めていた。

「ＪＢＬもチーム同士の会議でフィードバックして、説得はするわけです。伊藤（善文）さんが理事長で、協会の副会長もやられていました。だけどチームが『そんな条件を飲むと言われたら困る』となってしまう。会議はやるけれど結論が出ずに進んでいく感じでした」

それでもリーグの分裂問題を解決する取り組みは断続的に続いた。

２０１０年3月には「ＪＢＬとbjリーグに加盟するチームを主な対象とした新リーグを２０１３年に設立し、２０１５年に新リーグに加盟するチームの中からトップリーグに相応しいチームを集めたＰリーグ（プロリーグの仮称）を創設する」という答申案が日本協会内で承認された。２０１０年4月には日本協会とＪＢＬ、日本協会とbjリーグの間で覚書が締結される。bjリーグは協会の公認リーグとして認められることになった。それは一定の成果だった。

ただし日本協会の正常化、bjリーグとの融和に大きな役割を果たした木内が、２０１１年の役員改選時に専務理事を退任した。吉田長寿は説明する。

「木内さん体制になってきたときに、70歳定年制を決めたんですが、木内さんが70歳になってしまった。今までの悪い流れからやっとここまで来たんだから、そのままやってくれという意見はありました。だけど、これは木内さんの美学ですね。『自分で作った規則だから、破るのは絶対できない』と降りられた」

木内の退陣により、「あり方検討委員会」も打ち切りとなった。

日本協会の執行部はさらに入れ替わっていく。２００８年の役員改選から副会長に就いていたのがトヨタグループ出身の深津泰彦だ。２０１１年には住友鋼管（現日鉄鋼管）の社長だった丸尾充と、福岡県協会の梅野哲雄が副会長に入る。丸尾と梅野は２０１４年の危機におけるキーマンとなった。

丸尾は静岡高校、慶大で木内の後輩に当たり、住友金属のバスケットボール部で活躍した人物。社業でも成功を収めていた彼が、プロ化推進の先頭に立つことになった。丸尾は新リーグの実務を取り仕切る専務理事兼ＣＯＯとして、リンク栃木ブレックス（当時）の社長としてプロチームを成功させていた山谷拓志に白羽の矢を立てた。

山谷は振り返る。

「２０１１年の暮れか、12年の頭か忘れましたけれど，丸尾（充）さんが来て『いよいよプロ化しないといけないから、プロチームで経験のある人に入ってもらいたい』と話をいただきました。丸尾さんは住友鋼管の社長を辞めて、バスケ界に貢献したいということで、新リーグの責任者に来られた。最後は丸尾さんと麻生会長と僕でミーティングをして『やってくれ』と言われたので『分かりました』と返事をした。それが２０１２年春くらいです」

２人の役割分担はこうだった。

「丸尾さんは各団体、バスケ界の中の人との調整をして、ＪＢＡ（日本協会）の中での意思決定をする上での合意形成をしていく。僕は事務方なので制度設計、リーグの形の責任者という立ち位置でした」

「するする詐欺」

日本協会の空気感を、山谷はこう説明する。

「本当に『プロ化〝するする詐欺〟』なんです。プロ化するする詐欺にしびれを切らしていたのがbjリーグじゃないですか。もう3度目くらいですから。FIBAからも言われているので『流石にプロ化しないとヤバイ』と火はついている。なんですけど結局日本協会はプロが本当にできるとは信じてない」

bjリーグの存在が、山谷たちの追い風となる部分もあったという。

「僕が（新リーグに）行った頃はbjリーグができていますから、プロができるのは証明されている。何となく『プロってできるんだ』『あれだけの盛り上がりができるんだ』という実感はあったんです」

だが企業チームが及び腰だった。

「丸尾さんはほぼ毎週、6つあった企業チームに通いつめて、とにかく『プロ化してくれ』という話をしていました。プロ化の定義はとにかく独立分社化です。しかしどの企業もほぼ『やらない』という話でした」

企業チームの行動は横並びで、内密の会合を通して共同歩調を確認していた。山谷は振り返る。

「こちらに対する抵抗、反応はすべて打ち合わせしていましたよ。丸尾さんがそれを察知して、企業チーム同士の会合に無理やり出ていったこともあります」

ともあれ新生リーグは2011年に参入の公募を開始し、2012年6月に参戦する12チームを決定した。サイバーダインつくばロボッツ（現茨城ロボッツ）、兵庫ストークス（現西宮ストークス）、熊本ヴォルターズの3つが新たに参入したプロチームだ。2012年末にはパナソニックが和歌山のプロバスケ球団設立準備組織に参加権を譲渡したこともあり、プロと企業チームの比率は「7：5」とプロ優勢になった。

サラリーキャップ（年俸総額の上限）は1億5000万円と設定され、レギュラーシーズンの試合数はJBL時代の42から54まで増やされている。当初はイースタン、ウエスタンの東西2カンファレンス制が取られ、ホーム＆アウェー方式で同一地区とは6試合、別地区とは4試合が組まれていた。

東西のカンファレンス分けでは、こんな調整もあった。12チームを6ずつで割ると、東芝神奈川は西側に入る。しかし実際は東芝が東地区に残り、つくばが西地区に入った。

山谷は説明する。

「7：5だとバランスが悪いし、東芝が西に行くべきかな？と話をしていたんです。でも芳しくない反応で、そんなときにつくばが『西でいいですよ』と言った。（強豪の少ない西地区で）相対的にいい順位が取れるという狙いだと思います。西地区、東地区という呼び方をやめて、セリーグ・パリーグのような名前にしましょうとも僕は言ったのですが、分かりやすいので東西になった」

リーグとクラブの力関係を変える

リーグとクラブの関係に変化もあった。JBLからNBLに移っていた増田匡彦はこう説明する。

「JBLもNBLも一般社団法人方式ですが、山谷さんがこだわっていたのは、配分金と年会費は配分金の方が多くなければいけないということです。チーム側が『自分たちが支えている』と思うと、リーグのガバナンスは効かなくなってしまう。山谷さんは当時500万の年会費に対して500万円を戻していますけれど、それは絶対下回っちゃいけないと。そこが大きな変化でした」

リーグが経済的にクラブへ頼っている場合は、クラブへの発言権がどうしても落ちる。そういう発想を山谷は持っていた。増田は続ける。

「ずっとリーグにいる僕から見て、クラブとの上下関係の関係が変わっていましたね。当時にしてはリーグがイニシアチブを取って、クラブの意見を聞くけれど最終的に決める、リーグにふさわしいパワーバランスになったと感じました。僕の中ではNBLとBリーグは結構つながっていると思います」

ほぼ全員がバスケ畑だったJBL時代と違い、一般公募などでサッカークラブや異業種からの転職者も加わった。スポーツビジネスのユニットとして、間違いなく成長は遂げていた。

とはいえ企業チームの独立分社化は果たされず、彼らのプロ化を拒む姿勢に変化はなかった。

ＮＢＬは２０１３－14シーズンからスタートする。山谷は２０１３年のリーグ再編を「ステップ１」とみなし、２０１６年を本格的なプロ化のタイムリミットに設定。ステップ１を「ステップ２」への移行期間と捉え、更なる改革を志向していた。

山谷は言う。

「ＮＢＬは本当の意味でのプロリーグへ『つなぐリーグ』という認識でした。（完成形は）すべて独立分社化して、ＮＢＬのチームもbjのチームも混ぜた統一リーグです。今のＢリーグ（のような体制）ができるまでの橋渡しだと思っていた」

彼の描いたスケジュール通り２０１６年に、Ｂリーグとして本格的な統一プロリーグは発足している。しかし２０１３年の時点で、それを予想していた人はよほどの楽観主義者だろう。皮肉な見方をすればプロ化をするぞ……と意気込みつつ、結局は中途半端なものができる「するする詐欺」がこのときも繰り返された。

bjリーグの経営悪化とチームの奪い合い

山谷はbjリーグの有力クラブを対象に、ＮＢＬ参入に向けた説明に回っている。琉球ゴールデンキングスのような人気チーム、大阪エヴェッサ、京都ハンナリーズのように優良なオーナー企業を持つチームが相手だった。
bjリーグ側から見れば「引き抜き」「乗っ取り」で、敵対行為だった。ＮＢＬ、山谷とbjリーグの関係は悪化する。

この頃、bjリーグを運営する株式会社日本プロバスケットボールリーグの経営が悪化していた。２００５年の開幕時には約12億円の資本金を集め、当初はクラブに手厚い配分金を渡していた。しかしリーグの投資、各クラブによる無料招待のような取り組みが売上になかなか反映しなかった。Ｂリーグのソフトバンク、Ｊリーグの明治安田生命に相当するパートナー企業も開拓できていなかった。

クラブも経営不振に陥る例が増え、運営母体の変更が相次いでいた。２０１１年3月の東日本大震災などの影響もあり、リーグ参戦をやめるチームも出ていた。リーグからの配分金は無くなっていた。

一方でbjリーグは積極的な拡大策を取り、２０１３－14シーズンの段階で21チームまで増加している。資金の流出が止まらない中で、入会金として集めた資本を運転資金に充てる、自転車創業の状態だった。

つまりbjリーグはその理想と別に、厳しい現実に直面していた。人気チームを引き抜かれれば状況が悪くなることは必至で、bjがＮＢＬの姿勢を受けて硬化するのは当然だ。

ＮＢＬとbjによる新規参入組の奪い合いもあった。山谷は振り返る。

「広島、山形、熊本がどちらに入るかは焦点でした。今でも覚えていますけど、山形では両リーグが違う部屋を隔離されて、順番にプレゼンテーションをしました」

２０１３年に熊本ヴォルターズ、２０１４年に広島ドラゴンフライズが新規参入チームとしてＮＢＬに加わった。山形ワイヴァンズもブレックスの下部組織・ＴＧＩ Ｄ－ＲＩＳＥを引き継ぐ形で、２０１４年からＮＢＤＬ（ＮＢＬ２部）へ参入している。モメンタムが変わり、ＮＢＬが攻める局面も出ていた。当時はbjリーグのクラブに「山谷接触禁止令」も出されていたという。

「企業の合併だったら、最もシナジーがあるパターン」

ただしbjからＮＢＬへの移籍は千葉ジェッツのみにとどまった。当時のサラリーキャップはＮＢＬが１億５０００万円。bjリーグは６８００万円で、しかも使い切っていないクラブが大半だった。コーチなども含む金額だが、２０１８－19シーズンのデータを見ると、

B1のトップチーム人件費は1チーム平均3億5000万円。今と比べ物にならないほど、当時はそれぞれの経営規模が小さかった。

千葉は2012年6月にbjリーグ脱退を表明し、2013年からNBLに移籍している。決断を下したのは、2012年2月に社長に就任していた島田慎二。彼は結果的に千葉を飛躍させ、2020年7月からはBリーグのチェアマンを務めている。

島田は経営的なハードルが高いNBLへの移籍を決断した背景について、こう説明する。

「そもそも、bjリーグでも経営が立ち行かない状況でした。2月1日に社長に就いて6月23日に決断するまで、どう再建するかと考えたんです。決めたポイントは3つありました」

1つ目は2つのリーグが共存しているバスケ界に対する違和感だ。島田は明かす。

「バスケ界という全体を見たときに、2リーグのあることが、ものすごく足を引っ張っていた。だから一緒になったらいいのにという思いが強くあった」

bjは「エンターテインメント」「地域密着」を掲げ、NBLはやや地味だがレベルの高いプレーを見せていた。島田はそんな構図を「企業間合併だったら、最もシナジーがあるパターン」と表現する。

転籍を決めた2つ目、3つ目の理由についてはこう述べる。

「そんな両リーグの橋渡しになったらいいよねというのが2つ目の理由です。3つ目は本当にお金を稼ぐための手段として『打倒トヨタ』の旗を振って、地元企業の支援を勝ち取るということで、バクチを張ったということですね」

2018－19シーズンの年間収入が18億円近くに達した千葉だが、当時は2億円程度だった。その規模のチームにとって、NBL移籍による実利もあった。それは遠征費用だ。「bjリーグはチームが青森から、沖縄まで結構あちこちにあった。交通費、遠征費がすごくかかっていたんです。でもNBLになれば対戦相手の日立、トヨタ、川崎の東芝と関東近辺だから、みんながすぐ行ける。首都圏に集中することによって、交通費がかからないし、逆に相手のお客さんも来やすい」

旅費はせいぜい1カード数十万円で、2011－12シーズンの遠征は26試合（13往復）だから、総額もたかが知れている。しかし当時の千葉にとってその数百万円は無視できない額だった。

「王道」と「どん底」

島田は続ける。

「私は絶対に両リーグが統合すると思っていたんです」

当時はバスケットボールをよく知る人、この競技に長く関わった人ほど、バスケ界の未来やリーグの統合に悲観的だった。確かに足元を見れば、上手くいかない理由で満ちていた。

2012年当時の島田はバスケ界に関わりを持ってまだ数か月で、良くも悪くも先入観がなかった。「ハルインターナショナル」を立ち上げて旅行業で成功し、売却に成功した創業経営者でもある。そんな島田は少し違う視点で状況を俯瞰していた。

「バスケットボールはなくならないし、この2つのリーグが別々にいるということでは発展性がない。どう一緒になるか想像できませんでしたけれども、バスケ界の発展を考えたら一緒になるのがいいに決まっている。だから自然の摂理として、違和感のあるものは必ず崩壊して、新しき方向に流れていくと私は思っていました」

島田は格闘技を例に挙げてこう説明する。

「結局はボクシングとか、王道なスポーツがその後も残り続けていくわけです。私もジェッツに来たときに、K－1とプライドをイメージしたんです。立ち技なのか寝技なのかみたいなことでよく分からなくなって、面白かったけれども何となく衰退していったじゃないですか。やっぱりそういう分かりづらいものはもたない」

つまり「夢」「バスケ界のあるべきゴール」から逆算して、千葉はNBLへの移籍を決めた。

ただしNBLの変革には大きな苦しみが伴った。千葉を除く新規参入クラブは経営的に苦戦を強いられる。

パナソニックのメンバーを引き継いだ和歌山トライアンズは2013－14シーズンの西地区を41勝13敗で制し、プレーオフも決勝まで進出する快進撃を見せた。それでも経営的には火の車で、シーズン終了直後に社長が退任。翌シーズンは6勝48敗と沈み、後任経営者のメドも立たないまま2014－15シーズン限りでリーグから姿を消している。他の新興クラブも軒並み経営危機に陥った。

島田は言う。

「我々も身の丈に合わなかったんですけれども、たまたま事業が好転して、何とか食らいつけた。でも熊本や西宮、つくばと瞬く間に、軒並み追い込まれました。本来だったらJBL2（2部）くらいからスタートしなきゃいけないチームも、飛び級的にパッとNBLに入っていました」

山谷や島田のような経営手腕を持っていれば、ゼロからでもクラブを成り立たせて、飛躍させることができたかもしれない。またNBL時代の危機を乗り越え、Bリーグまで生き延びたチームは、経営環境の変化があり、自立と拡大に成功している。しかし当時はとにかく足元の道行きが険しかった。

NBLの両首脳はそういったクラブの立て直し、テコ入れに追われ、追い込まれていく。和歌山に続いて存続の危機に追い込まれたのがつくばロボッツだ。2014－15シーズンが始まる直後には、もう選手給与の不払いが起こっていた。

新法人がクラブの名義を引き継ぎ、リーグへの参戦を続行するスキームが検討された。2014年11月には山谷は専務理事COOを退任。彼自身が資本も拠出し、ロボッツに経営者として関わることになる。NBLは開幕から1年半足らずで、キーマンの1人を喪うことになった。

２０１４年秋、日本バスケの歴史は「どん底」に沈んでいた。ＮＢＬは経営難が相次ぎ、日本協会にはＦＩＢＡからの両リーグ統合を巡る圧力が強まっていた。

第8章 FIBAからの制裁

バウマン事務総長の来日とFIBAの圧力

２０１３年1月、日本協会は麻生太郎会長の退陣という想定外の事態に見舞われる。自由民主党の政権復帰が理由だった。

理事に入っていた吉田長寿は理事会中に起こったハプニングを記憶している。

「民主党政権だったので、（２０１２年秋までは）麻生会長も理事会に結構出ていたんです。ある日いきなり理事会中にパッと秘書が入ってきて、麻生さんに耳打ちした。麻生会長はその瞬間に起立して『申し訳ございません』と仰って退席された。党首討論で政権が変わるかもしれないという出来事の起こった日でした」

２０１２年11月14日、国会では野田佳彦首相と安倍晋三自民党総裁の党首討論が行われた。解散時期の明言を求めた安倍総裁に対して、野田首相は衆議院議員定数削減法案への賛同を条件に突然、11月16日の解散を明言する。安倍総裁もこれに同調し、急転直下で衆議院の解散が内定した。日本の政治史に残るサプライズだった。

12月16日に行われた総選挙で自民党は大勝し、麻生は副総理兼財務大臣、金融担当大臣の重職に就く。

国務大臣は2001年の閣議決定により、財団法人の会長を兼任することが認められない。

これを受けて会長職務代行に指名されたのが深津泰彦だった。名古屋大学バスケットボール部のOBで、当時は東京トヨタの会長を務めていた財界人だ。2009年から日本協会の副会長となり、2011年からはJOCの監事も務めた。

ただし、バスケ界との関わりがそこまで深かった人物ではない。深津は2つのリーグと日本協会に対して、なかなか求心力を発揮できなかった。

日本協会はFIBAからの期限を区切った回答要求を受けており、意思決定が急務になっていた。

2013年12月、FIBAのパトリック・バウマン事務総長は都内で日本協会幹部と面談し、警告を行っている。彼はbjリーグとの分立に加え、競技ルールの違いを問題視していた。さらに日本協会の普及、強化といった活動の停滞にも懸念を示した。

バウマンは２０１４年４月にも来日。国内トップリーグの一本化に向けた具体的な進展がない場合は、10月にも国際資格停止処分を科すと示唆した。

２０１３年9月には２０２０年のオリンピック開催地が東京に決定しており、２０２０年に向けたテコ入れの意味合いもあったに違いない。２０１６年のリオデジャネイロ・オリンピック予選が、２０１５年夏に予定されていた。

女子日本代表はリオのメダル候補だった。資格停止処分により国際試合が認められないとなれば、オリンピックに挑戦する資格さえ奪われることになる。それは極めて厳しい処分だ。

呉越同舟の「居酒屋会議」

リーグ統合に向けた最後の努力として行われた会議がある。それが２０１４年7月に開始された新リーグ組織委員会だ。

ここには日本協会の深津会長、ＮＢＬの丸尾理事長、bjリーグの河内敏光コミッショナーが出席。クラブ側からも仙台の中村彰彦社長、千葉の島田慎二社長、トヨタ自動車の清野英二バスケ部長、琉球ゴールデンキングスの木村達郎社長も参加していた。当時は東京・五反田にあった日本協会の一室で、毎週のように会合を重ねていた。

島田は振り返る。

「20回ぐらい会議をやりました。(bjのメンバーとは)もう久しぶりの対面なんです。中村さんなんてbjを作った最初の人間だから、裏切り者に対する目は厳しい。(bj側から見れば)NBLの上層部もそうじゃないですか。もう口もきいてもいないような人たちが、一堂に会したわけです。深津さんは相当、議長をやりづらかったと思います」

議論内容についてはこう説明する。

「毎週何か議題を決めて、ルール、オンザコートのような細かい話から、どうやって一緒になるかとか、そもそもバスケ界がどうあるべきかみたいな話をしました。どこに向かっているんだこの議論は?というぐらい話を重ねていました」

会議を重ねるうちに、メンバーたちは打ち解けていった。島田はこんなエピソードを明かしてくれた。

「一番話が出ていたのは会議の後です。あるとき誰かが『飲みにでも行きません?』と言い出した。会議は夕方前に終わるから、まだ明るいのに4時ぐらいから飲みました。もうみんな帰る気なしで、『この場面をバスケ関係者が見たら、驚くよね』とか冗談を言いながら、近くの居酒屋で10時、11時まで飲みましたね。そこが本当の、日本のバスケ界を語る会になっていました」

議長の深津こそ不参加だったが、他の主要メンバーは参加していたという。

もちろん「和気あいあい」だけで会議が進んだわけではない。島田が議長の深津に食ってかかる場面もあった。島田は言う。

「私も結構くってかかって、怒られたんです。深津さんが私に何か投げつけたこともあります」

しかし新リーグ組織委員会は、3か月後の10月27日に突然の打ち切りを迎えた。直前の23日に深津が辞任を表明したからだ。FIBAへの回答期限が10月末に迫り、深津会長はbjリーグの強硬な姿勢にも直面していた。期限が迫る中で結論を出すなら、bjリーグの意向をそのまま受け入れる妥協しかない。今振り返れば日本協会は〝外圧〟に頼るしかない状況だったとも言える。

10月29日、会長代行となった丸尾らが出席する日本協会の記者会見が東京都内で開かれた。五反田の貸し会議室にしつらえられた会見場の、ヒリついた雰囲気を今も鮮明に思い出せる。企業や政治家の不祥事を記者が畳み掛けるように追及する、そんな空気感だ。メディアが日本協会に向ける目は、それほどに厳しかった。

会見では強い口調の追及が次々に飛び、辞任の言質を取ろうとする質問も飛んだ。日本協会の無能を晒し出そうという「圧」を感じた1時間半だった。

丸尾は四面楚歌だった。日本協会の副会長時代からＦＩＢＡへの対応を担い、改革プランの検討やリーグの統合に関しても矢面に立ち続けていた。しかしＮＢＬの苦境や制裁問題を受けて日本協会内で大きな批判を受け、この時期はbjリーグ側からも追放を要求されていた。

だが丸尾は厳しい質問を飄々と捌いていく。前年に癌の手術をしていた彼は人生を懸けて、この修羅場に望んでいたのだろう。テレビや新聞は彼が激する表情、感情的な言葉を欲しがっていたはずだが、丸尾は達観したような振る舞いを見せていた。

会見の冒頭で彼はＦＩＢＡの姿勢をこう説明している。

「統一プロリーグ問題については10月12日に仙台でＦＩＢＡとミーティングを行い、説明をさせていただきました。難航している中で『拙速に期日だけを気にして合意を取るようなことをするな。もっと協議を重ねて将来の日本のバスケットボールのために良くなることを考えなさい』と言われました」

ＦＩＢＡの要求と処分の通知

ＦＩＢＡの日本協会に対する要求は３つに集約されていた。

（１）男子２リーグの統合

（２）日本協会のガバナンスの強化

（３）日本代表（男子・女子）の強化体制確立

これはそのまま日本バスケが改革を進める方向性、主題となっていく。

丸尾は企業チームとの向き合いに、改めて意欲を見せている。

「2016年にプロリーグを作る思いは変わっていません。NBLは現在13チーム中8チームが既にプロチームで、彼らは独立法人になっています。残る5つの企業チームもプロリーグという以上、バスケットボールを事業にする、生業にすることが大前提です。企業チームによって温度差はまだありますが、法人を持つことがプロのプロたるものだと考えています。少し時間がかかるかと思いますが、従来通りでいいとは考えていません」

プロ化にも前向きな姿勢を崩さなかった。

「今回なぜプロリーグに進んだかと言えば、元々は強化の問題です。2013年アジア選手権で9位になり、ずっと低迷している。bjはプロの条件が整っており、一緒にやろうと声がけをしました。タイミングとしては東京五輪が決まり、たまたまFIBAからも指摘されたことが重なり、統一プロリーグを目指している。2020年東京五輪が両リーグの背中を大きく押しました」

とはいえ彼の説明には、その場にいた記者たちが納得できないものが多かった。肩透かしを食らわせる、禅問答のような発言もあった。

「男子日本代表の強化、JBAのガバナンス問題については、すぐ答えの出る話ではありません。プランだけを作るのではなく、具体的な形として見せる……。それこそがガバナンスだと思っています。どうしても統一プロリーグ問題に質問は集中していますが、分かりにくくても一番大事なのはガバナンス。（ＦＩＢＡは）当たり前を当たり前にできる仕組みができていないことを問題視しています」

今になって読むと別だが、当時の我々には意味の分からないフレーズだった。「統合」「合併」に焦点が当たる一方で、日本協会が抱えていた構造的な問題に対する一般の認識は浅かった。また丸尾を筆頭にプロ化に尽力した者がいたにもかかわらず、日本協会を守旧派、抵抗勢力と見なす感覚がファンには広まっていた。彼がプロ化や改革を力説しても、本気を信じぬ者が大半だった。

責任を追及し退任を促す質問に、丸尾はこう返していた。

「責任がないとはまったく思っておりませんが、（責任を）全うしなければいけないと思っています」

付言すれば闘病中で翌年4月に倒れた彼がＦＩＢＡ対応、リーグの舵取りを担わざるを得ない状況こそがガバナンスの欠陥を象徴していたのかもしれない。12月3日の理事会からは、梅野が会長代行に就いた。

２０１４年11月26日。ＦＩＢＡの制裁処分通知が日本に届いた。日本協会の深津前会長が退任してから、約１か月が経過していた。

ＦＩＢＡは11月25日付の書簡で、制裁の理由を通知している。次のような要旨だった。

（１）ＦＩＢＡ定款に準拠した機能を保証する日本協会の組織再編が実行されていない。

（２）既存の2リーグが日本協会管轄下で運営される１リーグへ統合されていない。そして国内全域においてOfficial Basketball Rulesに従って試合が行われていない。

（３）２０２０年以降の代表チーム強化に向けた明確な計画の提示がされなかった。

制裁は次のような内容だった。

「ＦＩＢＡは、２０１４年5月2日付け書簡、同年10月17日付け書簡及び、２０１４年9月13日に開催されたＦＩＢＡ中央理事会（セントラルボード）の決定に基づき、日本協会を資格停止処分とする。

この結果日本協会は、ＦＩＢＡ定款に従い、ＦＩＢＡの加盟国協会としての権利を喪失し、ＦＩＢＡ及びＦＩＢＡアジアの行事（スポーツまたはその他）に一切参加することができなくなる」

11月27日の会見で、日本協会の丸尾会長代行はリーグ統合の失敗について、改めてこう述べている。

「参加要件などの折り合いがつかず、時間が足りなかった。ただ何度も申し上げていますが2010年の時点と比べたら、中身の濃い話をさせていただいている。7割近くのところには達していたと思っています」

bjリーグは蚊帳の外に置かれた状態だった。翌28日にメディアの取材に応じた河内コミッショナーは「FIBAからの情報が正確に伝わってない状況」と前置きしつつ、こう語っている。

「あり方検討委員会への参加から始まり、競技ルールの対応、今回の組織委員会への参加など、制裁回避に向けて努力を続けていました。残念な事態ですが新たな飛躍、改革の機会として前向きに捉えている。求められることに関しては積極的に協力したい」

丸尾会長代行の「7割近くのところには達していた」というコメントについては、河内も肯定している。

「丸尾会長代行の言う通りです。僕は8割くらいまで来ていたのかなと思っております。

ただ山を想定すると、ここから険しい2割が残っている」

新リーグ設立委員会の決裂について、河内はこのような推測を口にしている。

「委員長である深津前会長が『何とかこの組織委員会で10月末までに一本化していく』という熱意を持って、そこまでの組織委員会は進んでいた。けれど本当に残念ですが（10月12日に）仙台での会合があり、次の組織委員会のときには委員長のトーンがぐっと下がっていた。もしかするとこの統一問題だけではない何かが、その会談の場であったのではないかと思います」

11月末の時点では日本協会、bjリーグのコメントからは当事者としての意欲が見える。しかしあとになって思えば、日本協会とbjリーグが改革にメインキャストとして関わった時期は、ここまでだった。丸尾も12月の理事会で会長代行の座を梅野に譲っている。

「リセットした状態で再構築をお願いする」

12月16日、国際バスケットボール連盟（ＦＩＢＡ）のパトリック・バウマン事務総長が来日する。梅野会長代行は16日、ＦＩＢＡ側からの呼び出しを受け、通訳の協会職員を伴って東京都港区内のホテルを訪ねた。ＦＩＢＡとの協議には丸尾の他に佐室、深津ら前任のトップが出ており、就任直後の梅野とバウマンは初対面だった。

17日には梅野以外の幹部も出席し、バウマンと日本協会の協議が行われた。バウマンは17日、文科省を訪問して下村博文大臣と面談している。

12月18日のバウマンによる会見には、梅野も同席した。ＦＩＢＡと日本協会との合同記者会見だった。

バウマンは口調こそ穏やかだったが、その場で日本バスケの現状に関する不満をはっきり述べた。特に２００６年に日本で開催された世界選手権以降の停滞を指摘していた。

「我々ＦＩＢＡがＪＢＡ（日本協会）に制裁を行ったことはとても残念だ。制裁を喜んでやっているわけでは決してない。２００６年当時に我々が期待していたような成長を実現していない。それどころかＪＢＡとして状況があまり芳しくないし、リーグが２つに分かれて各々の道を進む状況になっている。協会のリーダーも次々に変わってしまい、将来を見通すビジョンのないまま今の状態に至ってしまった」

ＦＩＢＡは一貫して日本協会の「ポリティクス（政治）」を批判していたという。日本のバスケ界には理事会、評議員会などによる正式なプロセスを無視して〝横やり〟を入れる文化があった。機関でなく学校関係者、ベテラン指導者といった個人の「声の大きさ」が意思決定を左右する傾向が強かった。行動、結果に責任を持たない人間が盛んに口を出す。そんな悪弊をバウマンは見抜いていた。

バウマンは処分を科した1つの背景として、東京オリンピック開催を挙げている。

「２０２０年には日本でオリンピックが開催される。２０２０年とその先に向けて、バスケットボールの強い基礎を作るためには、非常に素晴らしい機会が来た。その背景があって問題を解決するようにプレッシャーを与えてきた。最初は（２０１４年）春の終わり、延期して10月末と締切の期日を示した。それに対して協会の方々が努力をしていただいたことはもちろん認めている。ただ残念ながら、ＪＢＡは我々がお願いしたタスクを実現できなかった。ゼロに戻して、リセットした状態で組織の再構築をお願いするに至った」

日本は有望なマーケットで、しかもオリンピックの開催が決まっている。そんなチャンスを前に混乱と停滞を放置できない――。それがＦＩＢＡの意思だった。２０１４年末はリオデジャネイロ・オリンピック予選の開幕を8か月後に控えた時期だったが、予選の参加には制裁処分の解除が必要となる。ＦＩＢＡは「２０１５年夏までに解決する」というゴールを逆算して、満を持して介入を行った。

もちろん時間的にタイトで、痛みが伴う改革だったことは間違いない。ただしＦＩＢＡと日本バスケにとっては究極のジャストタイミングだった。バウマンはこう強調していた。「希望を作る機会として、こういう決断をした」

バウマンの質疑応答

バウマンにメディアから寄せられた質問は多岐に及んだ。例えば「bjリーグのチーム数が多すぎるのではないか？」という質問があった。

bjリーグは当時のチーム数が22。２０１５－16シーズンからはさらに新規参入を加え、「24」となることが決まっていた。プロ野球の12球団、サッカーＪ１の18クラブと比較しても多い。

これに答えたバウマンは、チーム数でなく「階層がない」ことを問題にした。

「必ずしもスポーツとしての成功がチームの数によるとは考えていない。bjリーグは地域密着という興味深いコンセプトを持っている。様々な国では1部、2部とレベルに応じた分け方がある。それが日本の現状を考えると自然だと思う」

bjリーグは東西の地区にこそ分かれていたが、全チームが1部で、戦力格差も大きかった。バウマンが自然と評したのはレベルごとに階層化したJリーグのような方式だった。

FIBAはスイスに本部を置くこの競技の統括組織で、1989年のオープン化（プロ解禁）まではFédération Internationale de Basketball Amateur」を正式名称としていた。「Amateur」はアマチュアを意味するフランス語だ。

1992年のバルセロナ・オリンピックにはNBAのスーパースターが参加し、バスケットボールはサッカーと並ぶメジャー種目として世界に根付いていく。バウマンはNBAとの関係改善を進めていたが、FIBAとNBAのビジョンが完全に一致していたわけではない。

世界的に見ればNBAのような階層と入れ替えのない「クローズド型」のリーグは少数派で、ドラフトやサラリーキャップ（年俸総額規制）のような仕組みもヨーロッパでは馴染みがない。FIBAが新リーグのモデルとして考えていたのは、ヨーロッパ流のオープン型リーグだったのだろう。

リーグの合同がそもそも可能なのか――。それは誰もが抱いている疑念だった。バウマンはポジティブなコメントを残している。

「問題が長く続きながら答えが見いだされず、楽観的な気持ちが薄れているのかもしれません。しかし私は楽観主義者です。過去何か月かお話しをした中で『関わりたくない』と言った方はいません。まさにその時期がやってきたのだと思います。もう1つ私が楽観的になっている理由は、2020年に決まっているオリンピックです。これほどの一大行事、大切な機会を目の前にして、今まで解決策が見いだされなかった方たちも、この機会を捨ててしまおうなどとは考えないはずです。女子もそうですし、日本にはたくさんのバスケットボールをしている選手がいる。大きなポテンシャルを抱えています」

bjリーグの世界観を好むメディア、ファンも当然ながら多かった。無理に統一せず、干渉せず2つのリーグを並列で進めていけばいい――。そのような空気も当時はあった。

「なぜ統一する必要があるのか?」という質問に、バウマンはこう答えた。

「日本はリーグが2つで、コンセプトが2つ。リーダーもまったく違った組織として、お互いに向かい合っている。メディアの注目も分散してしまっているし、分断したところに相乗効果はない」

ＦＩＢＡは国内に2つのリーグが存在することを否定していない。またbjリーグは２０１０年に日本協会の「認定団体」となっている。しかしＦＩＢＡは日本協会がbjリーグを「支配・統治」できていないことを問題視していた。日本協会がbjリーグやそのクラブの違反に懲罰を与える関係を築けていなかった。それはＦＩＢＡにとって、自らの定款に照らし合わせて容認できないガバナンスの不備だった。

bjリーグのファンを中心に、有力選手を独占しつつプロ化に応じない企業チームに対する反発は強かった。当時の空気感として企業チームを排除してプロ化を実現する、企業チームのプロ化が成ったとしても、給与水準を下寄せして取り込む動きもあり得た。ただしバウマンは、企業チーム悪玉論にこう釘を刺している。

「もし大企業がバスケットボールに興味を持って、チームに投資したいと考えるなら、拒否するのは馬鹿らしい。問題は企業チームか、そうでないかではありません。共通のビジョンを持ってないことが問題で、それがないから日本はこうなっている」

バウマンは弁護士資格を持つ競技団体のトップだったが、バスケットボールをサッカーと並ぶ世界のトップスポーツにする野心を持ったビジネスマンでもあった。トヨタや東芝のような実業団を排除するのでなく「引き込むビジョン」を打ち出す重要性を強調していた。

ラグビー日本代表が躍進した2015年、2019年のワールドカップや、大坂なおみの台頭が起こるより前のタイミングだったが、バウマンはラグビーとテニスを引き合いに出してこう予言した。

「ラグビーだって日本は強くなっています。テニスもいい選手が出ています。バスケットボールがそうならない理由はない」

タスクフォースのトップは「川淵三郎」

バウマンが繰り返し指摘していたのは日本バスケの「ビジョン欠如」「リーダー不在」だった。彼に指摘されるまでもなく、日本協会が全体をコントロールできず、1つのゴールを持てず、リーダーも次々に変わってしまう現状があった。バウマンは日本協会に処分や期限という「外圧」をかけた一方で、前向きなフォローも行っている。アメとムチを活用し、日本バスケを変えようとしていた。

バウマンが明言したのは問題解決にあたる「タスクフォース」の設置だ。ＦＩＢＡのメンバーも参加した上で「リーグ合同」「ガバナンス」「強化」の3テーマを話し合う専門家会議だ。人数は10人以下で、翌年1月中のスタートが予告された。

制裁解除、リオ五輪参加のタイムリミットとして設定された期間は２０１５年6月末までの6か月。今まで何年間も解決できなかったテーマを解決する難易度を考えると、極めて短い時間だった。結果的には短期集中のアプローチだからこそ、議論が拡散せず、直線的に進んだとも言える。

会見は1時間半に及んだが、梅野への質問は1つもなかった。しかし「そこにいる」ことに意味があった。梅野は言う。

「ここには梅野がいて、周りには幹部もいる。ＦＩＢＡのペナルティは間違っていなかったんだと。それを伝えるため俺をそこに座らせたんだなと思った。出たって答えることは何もないから」

記者会見の直前には、タスクフォースのトップとして川淵三郎の名が挙がっていた。1993年に発足したサッカーJリーグの初代チェアマンで、プロスポーツの経営モデルを提示し、実業団のプロ化を実現していた。78歳と高齢ではあったが、日本バスケが欠いていたビジョンを提示し、難局を打開するリーダーシップの持ち主は他にいなかった。

第9章 川淵タスクフォースの全速改革

78歳の獅子奮迅

2015年に入ると、日本バスケの改革は一気に動き出した。FIBAは文科省、JOC、日本体育協会といった日本側のステイクホルダーと連携し、タスクフォースの人選を行っていく。タスクフォースの傘下には「トップリーグ」「ガバナンス」「バスケットボールディベロップメント（強化）」をテーマとする3つのワーキンググループ（部会）も設置された。

2015年1月28日に「ジャパン 2024 タスクフォース」の第1回会議は東京・品川のグランドプリンスホテル新高輪で開催された。川淵三郎はFIBA中央理事会メンバーのインゴ・ヴァイスとともに共同議長（コ・チェアマン）に任命された。

ヴァイスはドイツ協会の会長で、FIBAの財務部長も務めていた。スポーツ少年団の活動も含めて頻繁に来日する親日家として知られている。第1回会議にはバウマン事務総長も参加していた。

「2024」は制裁処分が下された2014年の10年後。「10年の長期スパンで計画を立てる」「2020年の五輪を終点にするのでなく通過点とする」という意図で、タスクフォースの名称に採用された。

FIBAが設定した問題解決のタイムリミットは6月。計画は長期スパンだが、議論は短期間の決着が必要だった。日本バスケが10年以上に渡って解決できなかった2リーグ分立、ガバナンスと強化の難題を実質4か月で方向づけする迅速性が求められていた。

2015年夏にはリオデジャネイロ・オリンピックの予選があり、解決が6月を過ぎると男女の日本代表が五輪予選にエントリーできない。特に女子は有力なメダル候補だった。

当時78歳の川淵がここから獅子奮迅の働きを見せる。彼はタスクフォースの議論を主導するだけでなく、バスケ界の現状を自分の目で確かめるべく動いた。新リーグや日本協会のトップを担う人材探しから、両リーグやクラブ、自治体との折衝と精力的な動きを見せた。30歳以上年少のバウマン事務総長が「川淵さんは私より若いね」とジョークを飛ばすほど活発だった。

1993年に発足したJリーグの初代チェアマンで、2002年から3期6年に渡って日本サッカー協会会長も務めた川淵が、なぜバスケットボールと関わるようになったのか。

まず前提として2006年の世界選手権、プロ化やリーグ統合を巡る動きに、サッカー界でキャリアを積んだ少なからぬ人間が絡んでいた経緯がある。世界大会開催、実業団のプロ化に関して、サッカーはバスケの身近な先行事例で、それをお手本にするのは当然だ。ただしその多くが不調に終わっている。

川淵と両リーグ統合、日本協会との関わりが生まれたのは2014年春だ。2014年4月23日、彼を元男子日本代表監督・小浜元孝らこの競技の大立者たちが訪れた。助力を要請された川淵は池田弘bjリーグ会長とも相談し、水面下で両者の仲立ちを行う。しかし約20回に及ぶ新リーグ設立委員会は平行線に終わり、10月22日夜には彼のもとに日本協会の深津会長（当時）から辞任を告げる電話が入った。

そんな状態だった12月16日に文部科学省からの推薦、バウマン事務総長からの要請を受け、川淵はタスクフォースのチェアマン就任を決意した。

文科省が提案した「右腕」

ある程度の土地勘を持ち、満を持して改革に乗り出した川淵だが、タスクフォース発足前から洗礼を浴びていた。彼は言う。

「人探しは大変だった。人に頼れるわけじゃないから、僕が1人で会ったんだ。大喧嘩もしたし、色々あった。『バスケットボールの素人が、何をそんな偉そうに改革できると思っているんだ?』という感じの人がいて、バスケの幹部関係はみんなそうだった」

タスクフォース発足の直前までもつれ込んだのが「右腕」探しだ。川淵を補佐する知識と交渉能力を持つナンバー2となり、重要な役割を果たしたのが境田正樹だ。

川淵はこう振り返る。

「タスクフォースで日本バスケットボール協会を改革するからチェアマンになってほしいとバウマンから頼まれたのが(2014年の)12月。そのときに僕の片腕になる人をものすごく探したんだよ。過去バスケのプロ化に携わった人、管理能力が高い人など4、5人を当たった。みんな僕から見れば物足りなくて、そのときに文科省から『境田弁護士に川淵さんの下で働いてもらったらどうか？』と提案があった。東大の理事をしているし、弁護士だし、前にもスポーツ関係に携わった経験があると聞いていた。『とりあえず色々と話をして、それでまたダメだったらまた探さなければ仕方ないな』という感じだった。でもそれが非常にフィットして、今考えれば境田先生がいたから成功できた」

「独裁力」と自称するほど強烈なリーダーシップを見せた川淵だが、フォロワーの重要性も熟知している。

「僕がいくらこうやれああやれ、これが一番いいと言ったって、下でそれを伝えて多くの人に広げていく人がそこにいない限り改革も無理だよね。本当に人を得たなと思う」

構想力や人脈、発信力を持つ川淵と、法律の知識を持ち交渉能力に長けた境田――。理想的なコンビが生まれ、改革を引っ張っていくことになる。

境田は2014年秋の段階から、文科省の依頼を受け、日本協会のＦＩＢＡへの対応方針などの相談を受けていた。彼は経緯をこう説明する。

「制裁を受けているＪＢＡ（日本協会）は抜きで、文科省とＦＩＢＡでメンバー選定や方針の概略が決められたんです。（２０１４年末に）１月にタスクフォースを設置しますと発表されました。そのときにバウマンは川淵さんと会われて、チェアマンは決まっていた。でもそれ以外のメンバーを誰にするかは決まっていなかった。僕は文科省のスポーツの案件を色々とやってきていたので、境田さんをタスクフォースのメンバーに推薦したいという話をずっと相談されていたんですよ。ただ右腕になる人、実質的に動くキーパーソンはＦＩＢＡの承諾、川淵さんの了解を得ないとダメということだった」

境田のタスクフォース入り決定は直前となった。しかも、かなりの無茶振りだった。

「もうタスクフォースに関わることはないのかなと思い始めていた1月15日に、文科省の担当者から連絡がありました。ＦＩＢＡと川淵さんの了解がやっと得られたとの内容です。第１回タスクフォースまで10日とちょっとしかない段階で、泡を食った感じでしたね。ＪＢＡが制裁を受けているから、ＪＢＡの職員抜きで準備や作業をしないといけない。バスケットボールは門外漢なのに、１人落下傘で中に入り、膨大な難作業をこなさなくちゃいけない。１月初旬からＪＢＡ理事会には陪席させてもらっていて、少しずつ理事や職員との顔なじみはできていました。しかし理事会では議論の収束がまったくできない状態で、かなり深刻だと感じていました。改革にはものすごいエネルギーが必要だなと身にしみて分かっていたわけです」

タスクフォースは10人のメンバーと2人のオブザーバーで構成された。

★メンバー

川淵三郎（日本サッカー協会キャプテン・最高顧問）

インゴ・ヴァイス（ＦＩＢＡセントラルボードメンバー）

青木剛（日本オリンピック委員会副会長兼専務理事）

岡崎助一（日本体育協会専務理事）

梅野哲雄（日本バスケットボール協会会長職務代行）

林親弘（東芝バスケットボール部長）

木村達郎（琉球ゴールデンキングス社長）

萩原美樹子（早稲田大学バスケットボール部女子ＨＣ）

中村潔（電通執行役員）

境田正樹（四谷番町法律事務所・弁護士）

★オブザーバー

久保公人（文部科学省スポーツ・青少年局長）

パトリック・バウマン（ＦＩＢＡ事務総長）

「トップリーグ」「ガバナンス」「バスケットボールディベロップメント（強化）」と分けられたワーキンググループの中では、新リーグの立ち上げに関わるトップリーグがやはり最も重要なグループだ。川淵がリーダーを務め、ＦＩＢＡセントラルボードのスコット・ダーウィンがサブリーダーに就き、境田はメンバーとして関わった。

ガバナンスは境田がリーダーとなり、ヴァイスがサブリーダー。日本協会の梅野会長代行に加えて、bjリーグコミッショナーの河内敏光がメンバーに入っている。

バスケットボールディベロップメントのグループは、ドイツ出身で日本国内の指導歴の長いトーステン・ロイブルがリーダーを任された。

「全チームに財務諸表を提出してもらう」

２０１５年1月28日に開催された第1回タスクフォースは開始が15時で、予定終了が16時半。直後には記者会見が入れられていた。

「会議は踊る、されど進まず」という警句がある。これは１８１４年から15年にかけて、ナポレオン後のヨーロッパ秩序を議論するために開催されたウイーン会議を評して述べられた言葉だ。日本のバスケ界も過去に「時間をかけても進まない」会議を繰り返してきた。

２００年後のタスクフォースには冗長性がなかった。「それぞれが知恵を出し合う」「丁々発止やり合う」ような進め方でなく、川淵が明快なビジョンを提示し、議論を引っ張った。質問や意見はあったが、それは全体の流れに影響を与えていない。ＦＩＢＡや川淵が練った方向性を磨き、落とし込む場として機能した。

28日の会見で川淵はこう述べている。

「できるだけ多くの人に会って、できるだけ多くの議論を重ねて、月1回の会議のときに、煮詰まったものをいかに出していくか。それが勝負です。そこで色々な話をしてというのでは、スピード感がまったく足りない。bjとＮＢＬの合併問題も、同じような話の繰り返しになった。堂々巡りをさせず、きちんとどう切るかが勝負だと思っています」

もっとも会議が早く終わりさえすればいいという意味ではない。効率的な議事を実現するための用意が決定的に重要だった。境田は事前の調整をこう振り返る。

「第1回のタスクフォースは品川で28日に行われると、もう決まっていました。しかしバウマンとヴァイスに自分は1回も会っていないし、川淵さんとも面識がなかった。いつ彼らは来るの?と聞いたら25日。それで25日のお昼に(六本木の)グラウンドハイアットホテルに単身で乗り込み、名刺交換後、すぐ議論を始めました」

初対面から、突っ込んだ議論が行われた。境田に対するFIBAの要求はストレートだった。

「彼らが言ったのはJBAのガバナンス改革です。要は理事を7人以下にしないといけない、事務総長を作ってそこに権限を集約するという話です。全員の辞任届を取り付けることがあなたの仕事だと。だからガバナンスのリーダーは僕なんですよ。汚れ仕事がお前の役割だよという意味ですね」

一番の肝はもちろん「トップリーグ」だ。2つのリーグを1つにする方向性ははっきりしていたが、FIBAはその「中身」にもこだわりを持っていた。

「一番緩いのはbjリーグとNBLで『2年以内に統一します』と協定書を交わす方法です。2つのリーグのトップが合意をすればいいし、2年後なら移行期間があって楽ですよね。

その間に交流戦だとか、最後のチャンピオンシップをやればいいかな?と思ったら『ダメ』という答えでした。全47クラブがリーグの統一に合意をしないとダメだと言われたんです。これがまたすごく重たい話です。1つのクラブもハンコを拒否したらダメですから。『お前は全クラブからハンコを取れよ』ということです」

当時のbjリーグは参入予定組も含めて24チームで、NBLが13チーム。NBDL（ナショナル・バスケットボール・デベロップメント・リーグ、NBLの下部リーグ）の10チームも含めた合計47クラブと、境田は向き合わねばならなかった。

彼もFIBA側に提案を行った。

「それなら全47クラブの財務諸表。バランスシートとかPL（損益計算書）とか3期分の財務諸表を私の法律事務所宛に提出して、ヒアリングを受けるようにしてくれと伝えました。それを第1回の会議でタスクフォースの決議事項としてほしいと要求したわけです」

バウマンと境田はいずれも弁護士。弁護士は守秘義務があり、センシティブな情報の扱いにも習熟している。この提案に対するFIBA側の反応は前向きだった。実際に川淵が

第1回タスクフォースでそのような提案を行い、境田は全クラブと日本協会、NBL、bjリーグの財務書類を収集する役割を任された。

25日の議論は深夜まで8時間に及んだ。その翌日には川淵がバウマン、ヴァイスと会談し、境田もそこに同席している。前日の方向性が詰められ、27日はそのメンバーで文科省とのミーティングをこなした。28日の第1回会議で提示する内容は、3日間で一気に整えられた。

第1回のタスクフォースでは、バウマン事務総長がbjリーグに関して注目するべき発言を行っている。

「bjリーグの池田さんと話をしたのでお話しします。池田さんからは企業チームがbjリーグに参加してくれれば解決するという意見が出ましたけれど、それは間違っている、まったく新しいコンセプトを立ち上げると話しました」

2014年秋まで続いていたNBLとbjの統合をめぐる折衝だが、最後は綱引き状態になっていた。bjリーグ側はその理念や仕組みを残し、プロ化した企業チームを迎え入れる狙いだった。日本協会がbjリーグの法人を買収する、もしくは法人を残して新リーグの営業権益を持つ、といった交渉もあった。ただしバウマンはこの段階で、bjリーグに主導権を譲る構想を明確に否定している。

新リーグ発足に大きな影響を与えるテーマがアリーナ問題だった。川淵は第1回会議でこう述べている。

「5000人以上入れるアリーナが日本には少ない。アリーナを使える許可を行政からもらえるかが重要。行政が優先使用を認めてくれるか、早く使用権について確認してほしい。それがトップリーグにとって一番大事」

後にB1参入のハードルとなった「5000人が収容できるアリーナでリーグ戦の8割以上を開催する」という条件は、この時点から言及されていた。

「Jリーグは5年かけたが、バスケはあと4か月」

28日17時前から始まった記者会見は、川淵の熱弁から始まった。淀みなく、自信に満ち、エネルギッシュな「川淵節」だった。

彼はまずこの20年前に自身が成功させたJリーグを引き合いに出し、新リーグの設立の難しさを述べた。

「Ｊリーグはスタートする時に、５年の準備期間がありました。自分が十分に知ったフィールドで、どういうことが難しくて、どこにアプローチしたらいいのか、よく分かった上で５年かかった。今回のリミットは６月の初めです。ビジョン、トップリーグのあり方、日本のバスケ界を発展させていく工程表と期限も用意して、ＦＩＢＡがそれを認めて、実施に移る段取りを経なければならない。猶予は４か月ちょっとしかありません。一番の問題は何と言ってもＮＢＬとbjを、どう１つのトップリーグにするかに尽きると思います」

だが不思議と後ろ向きな空気感はなかった。川淵は堂々と、解決の自信をアピールする。

「過去６年以上も１つになろうと色々な努力をし、堂々巡りをしながら最終的に結論が出なかった問題です。そう単純には解決に至らない……と皆さんはお思いでしょう。でもそれをやり遂げます。やり遂げなければオリンピック予選に出られないんです。プレイヤーズファーストで、選手のために、協会や関係者がどう努力をしていくのか。我慢するところは我慢し、譲るところは譲り、バスケットボール界の発展を真剣に考えれば、解決できないはずがないと僕は信じています」

この時点で大半のメディアが想像していたものは両リーグの「合併」だった。形だけでも1つの傘の下に収めれば済むという安易な考えを持つファンもいただろう。しかし川淵はもう上を見ていた。

「NBLとbjの〝いいとこ取り〟をして、こういうリーグを作ればいいとは思っていません。それでは先に進めません。バスケットボールにはJリーグに次ぐ2番目のプロリーグという、ポテンシャルがある。男性30万人、女性30万人、計60万人の登録選手がいる、日本でもトップクラスの競技団体です。それを上手く活用して、Jリーグに次ぐプロリーグを作ることは可能です」

「俺はこういうのが望ましいと思う」

多くのチームが欠いていたのは〝地域密着〟の取り組みだった。特にbjリーグは発足当初に日本協会から敵視された経緯もあり、地元の協会や行政と良い関係を築けていない例が多かった。川淵はそれを率直に指摘している。

「望むべきところはJリーグとまったく同じで、地域に根差すというのがキーワードです。

地方のバスケ協会、行政とどう連携を取っていくのか。日本中にあるアリーナをすべて調べましたけれども、靴を履いて入っちゃいけないとか、物販しちゃいけない体育館がある。アリーナの使用料金もやたら高かったりします。規制を取っ払わなければいけません。そういうバックアップをしてくれる行政が、どれくらいあるのか、アプローチを始めていきたい」

ホームタウン、アリーナの重要性も強調していた。

「1つの体育館だけでやっているクラブはなくて、最小でも3つです。bjリーグは5つか6つの体育館を回りながらやっています。それではアリーナの中で物販、雰囲気作りもやり難い。プロとして成功するためには、それにふさわしいアリーナが必要です。行政サイドと地方のバスケ協会が、一体となってそのクラブを応援する。そして市民がそれをバックアップしていく。いわゆるJリーグの（住民・行政・企業による）三位一体方式こそが、成功の元であると思います」

bjリーグについては「エンターテイメント性、プロとしての営業努力は、10年の経験を経て立派なモノができています」とその功績を認める一方で、独自ルールやサラリーキャップのような仕組みについては否定的な見解を述べている。

「選手のサラリーキャップがbjリーグは6800万か7500万と聞いています。しかし少なくとも、選手の年俸は最低でも平均で1000万くらいをもらわないと。選手の年俸が500万以下で、12人で大体6000万の人件費でプロと言えるか？　これはプロと言わないでしょう」

Jリーグが企業チームのプロ化を行ったとき、争点となったのが企業名の扱いだった。クラブの呼称、通称から企業名を外すべきかどうかも、新リーグ設立にあたる1つの争点だった。ただ川淵はこの問題について柔軟な姿勢を口にしている。

「自立して、地域に根差した活動をしていけば、仮に企業名を入れたとしても、絶対ダメということではない」

のちにB1参入のハードルとして設定される「ホームとして5000人収容のアリーナを定める」「最低年俸を設定する」といった大枠は、この時点で川淵の口から語られていた。境田は振り返る。

「川淵さんは初めて会った日から『俺はこういうのが望ましいと思う』と言っていた。それは私案なので、色んな関係者と議論をしながら詰めていけばいいよねという話ですね」

結果的には川淵がここで設定したゴールへ、新リーグは向かっていくことになる。

1時間以上に及んだ記者会見だが、川淵は完全に場の空気を支配していた。彼に任せれば上手くいきそうな、不思議な説得力を感じさせていた。彼はビジョナリーでありリーダーであり、卓抜なスポークスマンでもあった。


1月と2月はプロ野球、Jリーグのシーズンオフで、スポーツメディアにとっては「ネタが乏しい」季節だ。この日もホテルの大広間をテレビ局、新聞社が埋め、川淵という主役を追っていた。特にフジテレビ系列の情報番組「ワイドナショー」は、元サッカー日本代表・前園真聖がリポーターとしてバスケットボールの動きを取材し、好意的に取り上げた。

川淵の姿や言葉を通して改革がポジティブなものとして報道され、それが企業や自治体の姿勢にも影響を与えていた。ここから改革は一気呵成に進んでいく。

第2回タスクフォースの日付は3月4日。そこにいたるわずか5週間で、新リーグの形は固まっていく。それは恐るべきスピード感だった。

第10章 第3のリーグ

A4用紙2枚の提案書

ＮＢＬ、bjリーグに分かれていた２大リーグがどう「合併」するのか。それがバスケ界で長くフレームアップされていた論点だった。ＮＢＬは社団法人、bjリーグが株式会社という違いはある。とはいえ企業の合併・統合と同じように条件を詰めていくのだろうと、ファンやメディアは想定していた。

２０１５年１月28日の第１回タスクフォースで、共同議長の川淵三郎は「Ｂリーグの形」を緩やかに提示していた。しかしＮＢＬ、ＮＢＤＬ（２部リーグ）と、bjリーグの47クラブをどう器に収めるか、見通しが立っていたわけではない。

ハードルの１つはＮＢＬに５つあった企業チームの法人化、プロ化だ。より難しかった

もう1つのポイントが両リーグの「合流」だ。bjはNBLに比べて経営的に小規模なチームが多く、それでも成り立つ制度設計がされていた。さらにリーグ組織をどのような条件で新リーグが引き受けるかという争点もあった。

タスクフォースの実質的なナンバー2だった境田正樹弁護士が妙手を発案し、事態を一気に動かした。彼は経緯をこう振り返る。

「2月4日が肝で、この日にbjリーグの代表者会議がありました。僕は『3期分の資料を私のところに出して、ヒアリングを受けてください』というタスクフォースからのお願い文書を持って、浜松町の会議室に行ったんです。お願いをしたらすぐ帰ればいいんだけど、残っていたら4時間くらいかかった」

紛糾した会議は、結果的に境田が経営者たちとの距離を縮める好機になった。会議が長くなれば休憩も入る。その幕間を彼は活かした。

「あるクラブの外国籍選手が大麻で逮捕されたり、色々と揉めていて、僕もずっと座って聞いていた。途中の休憩で全クラブの社長と名刺交換ができて、話もできたんですね」

クラブの経営者は川淵のイニシアチブをどう見ているのか? 境田は軽い会話を話しながら、感触を探った。

「〝川淵丸〟に行きたいという人が3分の1くらいいたんです。様子見が5割6割、反対が1割2割いました。強くて人気のある、核となるチームが割と前向きだった」

半数以上のクラブは様子見で、事態が悪い方向に転がる可能性もあった。性急なプロセスで反発を招くリスクを避け、丁寧に説得する発想もある。一方で境田には早期決着を図る理由があった。

「早く勝負をつけたほうがいいなと思ったんです。なぜかというと、もう1つの仕事があった。4月までに理事のクビを切らなければいけないわけです。クビなんて簡単に切れるもんじゃないけれど、リーグの統一ができたら『あとはあなたたちだけだよ』と説得できる。3月15日に評議員会とか勉強会があるので、早めにアピールしたかった」

理事や評議員はボランティアだが、それぞれの思いや立場がある。彼らをともかく切る以上、体制刷新はきれいごとで済まない。しかし日本協会に関しては「当時の理事を全員揃って退任させて、新体制に切り替える」ことがFIBAの〝宿題〟だった。クラブについてはNBL、NBDL、bjリーグの全クラブによる新リーグへの参加同意が同じように前提だった。そのプロセスはいわば汚れ仕事で、境田が負うミッションだった。

8日後にはbjリーグの代表者会議が予定されていた。4時間の会議を終えて事務所に戻った境田はすぐ動く。

「そのまま川淵さんに電話をしました。実は2月12日にも臨時代表者会議があって、ここで勝負をかけませんか?と言いました。川淵さんは『俺その日空いているから行くよ』というわけです」

境田は新リーグの形を考え始めた。1つはNBLとbjリーグを合併させるオーソドックスな案。もう1つはクラブが両リーグを脱退し、「第3のリーグ」に合流する方法だった。境田は説明する。

「理念とルールが違い、相手に対する不信感もある。加えて(bjリーグは)債務問題があった。これを買い取るのは難しいし、調整に充てる時間がなかった。そうしたら脱退だよねとなります。NBLとbjリーグのルールを調べたら、前年の6月までに退会届を提出すれば、その次のシーズンには辞められるとあった」

境田の選択は第3のリーグ方式だった。彼は6日に組まれていた川淵を囲む関係者のブレインストーミングまでに、新トップリーグの枠組みと発足に向けたスケジュールを、A4用紙2枚の資料にまとめた。3月4日のタスクフォースで、新法人設立を提案。それからリーグの概要を各チームに説明し、4月1日に新法人を設立する流れを提案する内容だ。各クラブが一斉に旧リーグを退会し、新リーグへの申込みを行う前提となる。

bjリーグ、NBLを脱退したものだけが申し込める

これは危険な構想でもあった。全クラブを退会させるのだから、NBLとbjリーグは休眠状態、もしくは清算に追い込まれる。社団法人だったNBLはともかく、bjリーグには株主がいた。

川淵や境田らが参加した6日の議論では、時間をかけて慎重に2リーグの合併を進める別の案も出た。境田案に対してはbjリーグ側の禍根を懸念する反対論も出たという。しかし川淵は境田の案に乗った。

川淵は説明する。

「bjリーグは15億円の資本金を集めつつ債務超過寸前になっていた。資本を200人くらいに出してもらっていて、それを回収できないとなると責任問題になる。その回収がすべてで、今まで話が進まなかった。それは話している最中によく分かった。15億のことでな

ぜ日本のバスケットボールがウロウロするのか？ ２００億、３００億の市場に向けて、15億円でうろうろしているようじゃ仕方ない。bjリーグ、ＮＢＬを脱退したものだけに申し込める権利があるという方法を考えたのは境田先生。そういう段取りは彼がいるから上手くいった」

12日に浜松町の貸し会議室で予定されていたbjリーグの代表者会議に合わせて、タスクフォースの事務局は急遽ＮＢＬの会議と、その後の記者会見をセッティングした。10日にはメディアに向けた取材案内も出された。bjリーグ、ＮＢＬの代表者会議に川淵と境田が出席し、終了後に会見を開くという内容だ。

川淵の奇襲攻撃

12日当日に、川淵が境田の想定以上に踏み込んだ行動を起こす。境田は振り返る。

「川淵さんから朝の6時くらいに電話がかかってきて、『色々考えたんだけど』と言うんです。今日『５０００人のアリーナがないとダメ、８割使えないとダメ、退会届も出してもらう』と話をするというんですよ。５０００人のアリーナはいいですよ。でも退会届を出して、4月1日に新法人を作るから加盟してくれということは、bjリーグの運営会社にしたら10年間で築き上げものが無くなりますという意味。つまり消滅なんです。だけど川淵さんは『これを俺は今日言いたい』と仰るわけですよ」

bjリーグを尊重し、「どう一緒にやれるか」という対話を進めてきた彼らにとっては、劇的な大転換だった。

境田も川淵の賭けに同意する。

「何をいきなり……ってなるんだけど、逆に考えると暇を与えず、いきなり社長に向かって『俺のところに来い！』とプロポーズをするわけです。初めて会った日に『離婚して俺のところに飛び込んで来い！』というのだから、これは天才だなと俺は思った。『それを言うと混乱しますけどね』って受けて、しばらく考えた。沈黙が1、2分あったと思います。でも『それで正しいと思います』って伝えたら『うん、分かった』と川淵さんは言いました」

かくしてbjリーグの代表者会議に乗り込んだ川淵は、畳み掛けるように新リーグの構想を語り始めた。完全な奇襲攻撃だった。

川淵はbjリーグの幹部と経営者に対して、こう切り出す。

「4月の初めには新法人を設立したい。ということは各クラブにはリーグへ脱退届を出していただきたい」

川淵はこう説明する。

「トップが変わるときは最初が大事なんだよね。初めに下から出て、緩やかな感じで途中から強く出ようと思ったときにはもう遅すぎる。新しく変わるときは、はじめに高飛車に出てガンとやらないと組織って上手くいかない。『皆さんの意見を聞きながらいい方向を探していきます』『どうぞ意見を出してください』なんていうようなことで成功するわけはない」

もちろん単なるハッタリではない。川淵はこの時点で既に理論武装ができていた。反論が来ても、それに応える用意があった。彼は振り返る。

「すべての資料を読み込んで、問題点を3つに絞った。それは5000人のホームアリーナと開催8割、サラリーキャップ廃止、法人化だね。それに対する対案を、Jリーグの経験からバスケットボールに当てはめた。1人である程度の方向性を出して、『私案だけどもこう考えているよ』ということを第1回タスクフォースのときに言ったんだよね。でも（経営者は）みんな『8割もホームアリーナで試合をするなんて馬鹿をぬかすな』と思っていた」

「ぜひ、やりましょう」

ＮＢＤＬ（ＮＢＬの下部リーグ）所属チームは別だが、ＮＢＬとbjリーグのクラブは「下部リーグに落ちる」ことへの抵抗感、恐怖感が強かった。１部入りを目指す多くのクラブにとって「５０００人収容のアリーナで8割の試合をやる」というトップリーグ参入の条件は、ほぼ不可能なハードルと受け止められていた。反発は「8割問題」に集中していた。

12日の会議でも、当初は懐疑的な意見が出た。冒頭ではクラブ経営者が、北側から順に意見を述べる進行だった。青森ワッツの下山保則社長を皮切りに、川淵案への反発が相次いだという。

川淵はそんな反発も折り込み済みだった。

「全部読み筋で『そう言うだろうな』と思っていた。それはみんな体育館の使用を許可する人のところにしか行っていないから。そうしたらバスケットボールだけでなくバレーやハンドボールや、地域の色んな競技にその体育館を開放しなきゃいけない。１つのプロに年間9試合も10試合も貸すわけにいかないから、せいぜい2、3試合ですよと答えるよね」

バスケ界はクラブと自治体との関係が浅かった。施設の担当者でなく、首長にアプローチすれば答えは変わってくる。川淵はJリーグのトップを経験し、それを理解していた。

「『あなたはどこに行っているんだ？　市長のところ行っているのか？　知事のところ行っているのか？』と聞いたら誰も行ってない。『そこがOKと言えば8割貸してくれる。それをやってから文句を言え』ということだね。俺はJリーグのときに全部の市長や知事に会っている。そのときに説得した経験があって、どうしたら首長さんが首を縦に振るのかを、自分の中で培ってきた。これほど強いものはないよね」

会議の空気を変えたのが滋賀レイクスターズの坂井信介社長（当時）だ。

「微妙な雰囲気だった中で『ぜひ、やりましょう』といったのは僕です。『これをみんなでやるべきじゃないか』と言ったのを覚えていますね」

境田は振り返る。

「坂井さんは『今のbjリーグの運営には限界がある。これでは僕らの将来が厳しい』とまず言った。そして僕は川淵さんの提案に乗りたいと意思表示をした。あと覚えているのは『1部にちゃんと上がる仕組みができるなら2部でもいい』という発言です。本当は1部しか頭になかったと思うんですが（笑）」

リーグ首脳が出席していた会見で、未来を疑問視する発言を行うのだから、かなりの勇気は必要だ。新リーグが仮に失敗していたら、坂井の抜け駆けによりクラブの立場は悪くなったかもしれない。一方で流れが新リーグへと傾き、「退会案」に同調するクラブが続出するならば、bjリーグへの気遣いは不要になる。

結果的に坂井の発言は、経営者たちの躊躇を断ち切るナイフになった。続く10クラブからは「新しいリーグで頑張っていきたい」という前向きな発言が相次いだという。

唯一の計算違い

川淵は席上で、身内にも「爆弾」を落とした。両リーグの代表者会議は非公開の予定で、冒頭のみ傍聴と撮影が許されていた。にもかかわらずメディアの退席を促そうとしたタスクフォースの広報担当者を彼は一喝した。

メディアがその場にいたのは、いわゆる「頭撮り」が目的で、そのように告知もされていた。ただし川淵はサプライズで、メディアを部屋の中に残した。すべてを晒す覚悟を決め、激論が可視化されればむしろバスケ界の宣伝になるという効果まで計算していた。

過去にいくつもの会見を経験し、修羅場に慣れている川淵ならば、カメラの砲列にも怖気づくことはない。だがbjリーグの幹部、クラブ経営者は気勢を削がれたに違いない。

境田は言う。

「横で見ていて『これ、どうなるんだろう?』と思って、もうハラハラですよね。みんなどう反応していいんだろう?って、ほとんど下を向いていた。恐ろしかったですよ」

しかしbjリーグの代表者会議は川淵のペースで進んだ。境田は振り返る。

「大した質問はなかったですね。『5000人のアリーナはなかなか難しいんですけど』とか『階層性になったら、2部から1部に上がれるんですか』とか。質問をすればするほどそれが前提になっていく部分があるんです。だから川淵さんは天才だなと思った」

様子見だったbjリーグの各クラブも、新リーグ構想と退会を受け入れていくことになる。この日をもって、bjリーグの消滅が実質的に決まった。

川淵は少し朱の差した精悍な表情で夕方の記者会見に登場し、余裕綽々で質疑応答をこなすと、最後にこう締めた。

「バスケットボールを報道してもらうことが一番のお願いです。今日なんか厳しいことを言ったら(激しいやり取りになって)記事になると思ったけれど、そんな質問が無くてがっかりした」

ただ川淵にとって計算違いの部分が1つだけあった。彼は3年後の取材時にこう明かしている。

「マスコミの皆さんは俺の悪口を書くのが好きだから、絶対に載るなと思った。俺は覚悟して言ったし『川淵激怒』どころでない過激な見出しになると思ったら、ならなかった」

彼は1993年のJリーグ発足直後に、読売新聞社の渡辺恒雄社長（当時）と激しい論争を行い、それが話題を呼んだ。結果的にはJリーグの理念を社会に浸透させる好機となった。しかし「好敵手」となり得る論客は、当時のバスケ界にいなかった。

とはいえ日本バスケが変わりそうだ。長らく解決しなかったリーグの分裂問題が解決しそうだ。そんな前向きな空気は社会に伝わり始めていた。

世論の支持

2月21日には、川淵と境田が岩手県盛岡市へ視察に向かった。bjリーグの「岩手ビッグブルズvs.仙台89ＥＲＳ」が18時から組まれていた。岩手は新リーグへの姿勢が曖昧なクラブで、境田は「岩手の取り込み」を視察の狙いにしていた。

境田は説明する。

「川淵さんが『そろそろ色んなチームを見て回らないといけないんじゃないか』って仰った。2月18日に電話がかかってきて『今週末、関東近辺で見に行こう』と言っていた。だけど関東近辺が平塚しかなくて、岩手は2時間ちょっとで着くんです。岩手はポイントで、山口（和彦）社長は何とか味方にしたかった。（山口社長も）川淵さんが来てくれるならそれは嬉しいと仰っていて、対話をする姿勢はありそうだった」

しかし、ただ試合を見るだけでは意味がない。岩手行きを促す境田の提案に対して、川淵は岩手県知事の達増拓也、盛岡市長の谷藤裕明との面談を望んだ。クラブ経由の調整が奏功し、官民挙げて川淵を迎える体制が用意された。

境田は振り返る。

「経済界の人が駅まで迎えに来てくれて。達増知事も会場にいて、一緒に団らんをしたら谷藤市長が『5000人のアリーナを作ります』と言ってくれた。取材も地元のみならず東京からも結構来てくれて、ニュースで流れたんです。これはラッキーだなと思いました」

物事が進んでいる様子を見せれば、世論はついてくる。世論の支持があれば、それを背景に政治の協力も得られやすくなる。となればチームもついてくる。

境田がもう1つ「大きかった」と明かすのが、2月25日に組まれた川淵と女子日本代表の意見交換会だ。

「リオ五輪の予選に出られなくなれば女子選手は一番の被害者で、その意見を聞こうということだった。前から考えていたんですけれど、25日の1週間くらい前かな？　ＷＪＢＬの西井（歳晴専務理事）さんを呼んで聞いたら『ぜひやってくれ』と前向きだった。代表選手を呼んでくださいとお願いをして、大神（雄子）選手や渡嘉敷（来夢）選手に来てもらった。川淵さんの予定も押さえた」

女子日本代表はリオ五輪のメダルを十分に狙う実力を擁していた。しかしＦＩＢＡの制裁が解除されない限りは、予選にさえ出られない。見方によってはbjリーグとＮＢＬの分裂という「男のトラブル」を解決するために、人質にされている状態だった。

意見交換会には有力チームからアンダーカテゴリーまで、様々な選手が参加した。川淵は和やかな雰囲気を作りながら1人ひとりの意見を引き出し、共感の言葉を返した。逆に大神は川淵に対して「どうしてバスケットボールは日本でなかなか（人気が）上がっていかないのかとずっと疑問に思っている。川淵さんはどうお考えなのかをお聞きしたい」と質問をぶつけている。

境田は述べる。

「川淵さんの優しさや熱さがにじみ出る会になって、これも結構報道されました。バスケ関係者にしたら『俺らがハンコを押さないと、この子たちが出られない』となる。日本協会の理事26人、クラブの社長47人の同意がすべてで、そのハンコを押さないと出られない、夢を奪うんだと。そうなるわけです」

対外的なアピールとなっただけではない。川淵、境田にとってもエネルギーを得られる場だったという。

「僕も聞きたかったんですよ。アテネからずっとオリンピック出られなくて、これでようやくリオに行けそう。ここからだというときにこんなごたごたで夢が奪われてしまう……。その辛さは絶対にあるはずで、生の声を聴けば僕らもエネルギーが出る。盛岡と女子の露出がキーポイントだと思っています。この辺でありとあらゆるバスケ関係者を説得できる自信がついてきた」

3月4日に第2回のタスクフォースがあり、FIBAのお目付け役として共同議長を務めていたヴァイスも日本に戻ってきた。

　境田は言う。

「第2回タスクフォースの前に会って『実はもうこんな形で7割8割はやれるよ』と言ったら『本当か!?』と驚いていました。FIBAも最初はこんな制裁をやって本当に大丈夫か?と思っていたんでしょう。この辺から信頼関係が生まれていました」

第11章 Bリーグの基本設計

3層構造で2016年秋開幕

２０１５年３月４日、ジャパン２０２４タスクフォースの第２回会議が開催された。第１回と同じく会議の時間は90分ほど。「バスケットボールディベロップメント（強化）」「ガバナンス」「トップリーグ」の各ワーキンググループが進めた議論の経過報告が行われ、それに従って決定も下された。

トーステン・ロイブルが率いる強化のグループからはU15世代のゾーンディフェンス禁止、登録、コーチライセンスなどに関する方向性が打ち出された。ガバナンスについては境田正樹が報告を行った。当初の方針通り事務総長に権限を集約したトップマネジメントの確立と、理事を削減し外部の有識者を招く方向性が示された。

トップリーグのグループからは、のちのBリーグに向けた制度設計、スケジュールが説明されている。

結果的に微修正は行われたが、新リーグの概要は次のように定められた。

★3層構造

・1部：16チーム±4

・2部：20チーム±4

・地域リーグ：1部、2部以外のチーム

★昇降格

・初年度から昇降格が可能な体制を確立する

★運営組織

・新リーグに入会するチームを会員とした一般社団法人を4月1日に設立する

★開始時期

・2016年10月

新リーグ1部の入会基準もこの場で決定された。法人化、名称、ホームタウン、アリーナなどの主要条件は次のようになっている。
・プロバスケットボールの運営を主たる事業目的とする法人であること
・3月31日時点でNBL、bjリーグ、NBDLのいずれかのリーグに所属し、入会申込時点で所属リーグに退会届を提出済であること
・プロ選手契約の締結を原則とする。ただし、例外要件や移行措置等を設ける
・チーム名称及びロゴについて商標を取得済もしくは出願中であること
・地域名を取り入れること
・例外的に企業名をチーム名に入れることをリーグが許可する場合がある
・ホームタウンが決定している、または予定されていること
・ホームタウンの地方自治体がチームの新リーグ入会を支援する旨を文書等で示すこと
・ホームタウンの都道府県協会においても同様とする
・年間試合数の8割程度のホームゲームを実施できるホームアリーナを確保していること
・ホームアリーナの規模に関しては、原則として、収容人員5000人程度が基準
・ただし、現在、アリーナが存しないチームについては、将来の具体的なアリーナ建設計画を提示するなどの要件を別途設ける

選手の年俸、移籍金制度、外国籍選手や帰化選手の登録枠などまだ定まっていないポイントもあった。しかし新リーグのビジョンは、3月上旬の段階でおおよそ定まった。旧リーグ退会の期限が3月31日と区切られ、各クラブは一気に新リーグの加入手続きに動く。各階層に振り分ける基準の策定、ヒアリングも進められていった。

全チームが入会を申請

3月25日の第3回タスクフォースでは、新リーグの入会基準がより詰まった内容で決定した。ホームアリーナについては1部が「5000人以上収容のアリーナで8割の試合を実施する」という条件だったが、2部は「3000人以上収容のアリーナで6割の試合を実施する」と決まった。

各カテゴリーへの割り振りは、2015年7月がメドと発表されている（実際は8月に完了した）。1部チームが2億5000万円以上、2部が1億円以上という売上収入の目安も定まった。3年以内の債務超過解消、ユースチームの保有もトップリーグ入りの条件となった。

ホームアリーナの固定については、なお異論もあった。これに対して川淵は3月26日の意見交換会で、実業団チームの代表者にこう説明している。

「多くのファンが固定的にそこに集い、チームを応援する。そのためにホームアリーナが必要だと言っています。皆さんはそういう経験がないから、そのままやらせてくれと言っている。それは従来のやり方です。これから5000、8000、1万と観客を増やし、プロバスケットボールが発展していくためには、拠点をいかに大きくしていくかが大切です。ファンを集めるために大事だからこそ、最低8割の試合を行う固定したホームアリーナを用意してくださいと申し上げています。ビジネスシートや年間通し券も含めたメリットがあります」

NBL、bjリーグはいずれも最低3つ以上のアリーナを巡業し、チームがお客さんの近くに出向く「屋台」のような形態をとっていた。しかしプロスポーツが一定以上の規模を目指すなら、常設の拠点を持つ必要がある。プロ野球、Jリーグを見てもそれは明らかだ。

企業チーム側にとって焦点だったアマチュア契約は、1チーム2名まで認められることになった。一方でこう釘を刺している。

「オリンピックに出るような選手がアマチュアでやりたいなんて競技は、あまり発展しませんね。プロになって、頑張ろうと思えるような魅力があるリーグにならないといかん」

直後にはクラブの経営者を招いた説明会が行われた。新リーグへの参加要件、リーグ概要などが正式に伝えられた。

最低年俸について質問を受けた川淵は「正式に決まったわけではない」と断りつつ、こう答えている。

「僕が考えている最低年俸は300万円です。プロの選手としての最低年俸はそんなところかなと考えている。本当はもっと高いところを言いたいけれど、そんなイメージです」

記者会見では、ヴァイス共同議長がこう明言している。

「FIBAとしては、これまでのタスクフォースの活動に大変満足している。資格停止処分を解除できるだろうという良い感触を受けている」

4月3日には「一般社団法人ジャパンプロフェッショナルバスケットボールリーグ」の設立記念セレモニーが都内で行われた。2016年3月18日に公益社団法人として認定され、Bリーグの運営法人となる。

セレモニーの中では新リーグへの加入申し込みが報道陣に公開され、申し込み資格のある全47チームのうち24チームが申請を行った。参加に拒否の姿勢を示すクラブは既になく、NBLとbjリーグの分立は解消が確定した。10年に及ぶ日本バスケ最大の難題は、ここに解決した。

日本協会の刷新

4月28日の第4回タスクフォースでは事情があって提出の遅れた東京海上日動を除き、全チームの入会申請が出揃った。また、日本協会の新しい理事候補6名が公表され、川淵が新会長に就任することになった。

会議後の記者会見で、FIBAを代表してタスクフォースに参加していたヴァイス共同議長は、川淵を協会会長に推した理由についてこう述べている。

「答えは簡単だ。日本の会長に、最高の人材が欲しかったからだ」

従来の幹部をすべて外す理事の構成についてはこう説明している。

「スポーツについて十分な知識を持っていながらも、バスケ界としがらみがない方を選びたかった」

一方でこの時点で、ＦＩＢＡは小さな方向転換をしていた。ヴァイスはバスケ界から理事を選出する意向を口にしている。

「7人目は必ずバスケ関係の方を候補に挙げたいと考えている。どのような方にするかは、私と川淵さんが面談をしながら決めていく。次回のタスクフォースで7人目がどの方になるか発表できる」

川淵は、4月に入ると『月刊バスケットボール』のような専門誌から、『週刊プレイボーイ』のような娯楽誌まで、幅広いインタビューに応じている。

4月21日に行われた『スポーツナビ』のインタビューで、川淵はこう述べている。

「（制裁）解除はもうほとんど、『99・9999％』ＯＫだよ。リーグの統一も90％以上大丈夫」

実業団のプロ化についても、東芝を例に挙げてこのようなアイディアを口にしていた。

「東芝なんかは、社員選手がプロになるのはやはり問題ありということだった。現役を引退したときに社員で働きたいからと言うから、『じゃあ今300万円もらってないの?』と聞いたんだ。そうしたら『普通の社員として、300万円以上もらっています』って言う。じゃあプロという名前だけ変えて、300万円以上をもらっていれば何も問題ないでしょうって。現役を終えたときに東芝の正規社員として仕事ができるという身分保障をすれば、全然問題ないでしょうという内容を僕は言ったんだよね。考え方を工夫すれば、どうということはない」

ただし日本協会については、こう評している。

「協会のガバナンスは本当にダメ。いろいろなルールを決め直す必要がある。各連盟や都道府県協会との関係なども含めて考えると、それでもよく来たというところで6割くらいかな」

評議員全員に辞任してもらう

日本協会の刷新はリーグ統合と並ぶ高いハードルだった。まず3月15日、日本協会の理事と評議員約90人が出席し「ガバナンスに関する勉強会」が行われた。境田は振り返る。

「評議員の方がいる会議で、僕がこれまでのタスクフォースの取り組みを説明したんです。日本協会の理事は辞表を出していただいて交替する。評議員についても1回はお辞めいただく。再任はありだけど、責任を明らかにする意味で退任してもらいたいとお伝えしました。半分くらいの人は『それはどうだろう』という感じでしたね」

bjリーグの代表者会議と同じように、この場でも川淵が熱弁を奮った。境田は明かす。

「『結構きつく言うけどいい?』『ぜひきつく言ってください』って。そうしたら『あなたたちは本当にバスケットボールを愛しているのか?俺はあなたたちよりもずっと考えている!こんなことをやった責任は感じないのか!』とガーッと仰った。見たことのない剣幕で、あれもすごかった」

新リーグへの移行と比較すると、評議員に対する説得は難航した。境田は言う。

「手間はかかりましたよね。10人くらいが(辞任は)嫌だと言っていましたね。色々な質問がありましたよ」

当時の議事録を見ると臨時評議員会では「評議員の辞任について法的根拠や理由はあるのか」「役員候補者として70歳以上の方の名前が挙がっているが、定年制の規定上、役員候補者にならないのではないか」といったシビアな質問も飛んでいる。

華やかに進むタスクフォースの陰で、日本協会の理事会は梅野会長代行のもとで変わらず開催されていた。理事は1人を除いて辞任を受け入れていたが、抵抗を見せた者もいる。ただし梅野はタスクフォースの方針に対して「小異」を感じつつ、大同についた。彼も辞任の説得に当たった。

梅野は振り返る。

「問題を起こして、生き延びるためには退陣するしかない。何かあったらオリンピック予選に出さないよ……ですからね。そのときは女子が強かったし、実際にリオデジャネイロ・オリンピックではベスト8にも入ってくれた。やっぱり選手たちのオリンピックに対する思いを断ち切るわけにはいかん。だからここは飲まざるをえないし、総退陣をするしかなかった」

体制刷新の「最終決戦」は4月13日の臨時理事会と、4月29日の臨時評議員会だった。協会の理事だった吉田長寿は述べる。

「理事会は1回紛糾しています。最後に梅野さんが『子どもたちのため。将来のためだろう？僕らが整理をしないと、ここで意地を張る意味合いはあるのか？』と筋を通した。『多数決でもいい』と言って、最終的には全員賛成で辞表を取りました。それは大変だったと思います。評議員会は梅野さんが正面から行きました」

評議員の一部にはＦＩＢＡや川淵の方針に違和感を持っていた者がいたはずだ。改革の動きをサッカー関係者による〝支配〟と受け止めて反発する者もいた。しかし梅野や境田の説得に応じ、４月29日をもって全員が辞任に同意した。

評議員の「悪夢を繰り返したくない」という思いもあったのだろう。吉田長寿は述べる。
「評議員の中にも２００６年後のゴタゴタを知っている人がいたから、ここは受け入れようというのがありました」

４月29日に行われた臨時評議員会直後の記者会見は、予定より1時間遅れて始まった。ヴァイスとともにメディアの前に登場した川淵からいつもの覇気が感じられず、少し疲れた様子だったことを記憶している。川淵はこう述べていた。
「聞いている話では評議員会は意見が出ず、理事会と同じでシャンシャンで終わると聞いていたけれど、色んな意見が出た。このような活発な評議員会ならいいなと思いました。

無事にというか、評議員の方も辞表を出して新たな体制でスタートできると今日ハッキリして、ちょっとホッとしています」

「このような活発な評議員会ならいい」というコメントには、若干の強がりもあったに違いない。

5月13日の理事会で、川淵が日本協会の新会長に就任する。体操のオリンピアンで元参議院議員の小野清子と、翌年に川淵の後任の会長となる三屋裕子が副会長となった。川淵を含む6人の理事は全員が外部から選出された。ただしヴァイスも述べていた「7人目の理事」の調整は不調に終わり、バスケ関係者が選出されなかった。日本協会をリセットするための、1年限りの緊急体制だった。

理事会の構成は次の通りだった。

■会長

川淵三郎（日本サッカー協会最高顧問、首都大学東京 理事長、タスクフォースチェアマン、ジャパン・プロフェッショナル・バスケットボールリーグ チェアマンほか）

■副会長
小野清子（元参議院議員、日本オリンピック委員会名誉委員ほか）
三屋裕子（日本体育協会 日本スポーツ少年団 副本部長、日本バレーボール協会評議員、サイファ代表取締役ほか）
■専務理事、事務総長
大河正明（日本プロサッカーリーグ常務理事、ジャパン・プロフェッショナル・バスケットボールリーグ理事ほか）
■理事
山本一郎（JXホールディングス 執行役員総務部長）
間野義之（早稲田大学 スポーツ科学学術院教授、日本体育協会 指導者育成専門委員会委員ほか）
■監事
境田正樹（弁護士、タスクフォースメンバー、ジャパン・プロフェッショナル・バスケットボールリーグ理事ほか）
須永功（税理士、日本スポーツ振興センター 助成事業評価ワーキンググループ委員、日本サッカー協会財務委員ほか）

制裁処分の解除

5月13日には第5回のタスクフォースも行われ、川淵は会見でこう述べている。

「女性の副会長が2人います。これは日本の競技団体の中で初めてだろうと思います。体操界、バレーボール界、サッカー界、バスケットボール界と、色とりどりの競技団体の出身者が理事の地位を占めているのも、今までにない稀有な例です。それこそが新しいバスケットボール協会の、新しい誕生を証明しています。1年後には理事の数も増えていくわけですけれど、この1年間でしっかり基礎固めをして、あの時期が日本のバスケ界のターニングポイントだったといわれるように努力していきたい」

ここにリーグの分立解消、協会の体制刷新というFIBAの〝宿題〟は片付いた。

6月2日、最終となる第6回タスクフォースが都内で開催された。4か月ぶりに来日したFIBAのパトリック・バウマン事務総長はこう述べている。

「まず素晴らしいチェアマンを見つけられ大変喜ばしい。2つ目に感じることは旧評議員会の勇気だ。彼らは辞任で、新しい理事を選任することに対して勇気を示してくれた。それによって川淵会長をはじめとする、新体制の道が開けた。3つ目がメディア、そして世間一般のバスケットボールに対する期待の膨らみだ。『バスケ界に何か新しいことが起きるぞ』という期待感をひしひしと感じている」

バウマンはこう続けている。

「バスケットボールは日本における他のスポーツ協会の良い見本になるのではないだろうか」

本来は6月中旬にＦＩＢＡの総会が開催され、そこで日本の制裁処分解除が決められる予定だった。総会はＦＩＢＡ側の都合で8月に延期となり、結果的に6月の段階で処分は「部分解除」にとどまった。しかし男女、世代を問わず、国際試合への参加は解禁された。念願のリオデジャネイロ予選への出場も認められ、女子日本代表は本大会でベスト8入りを果たしている。

第12章 ゼロからのスタート

Jリーグからの助っ人

２０１５年４月に「一般社団法人ジャパン・プロフェッショナル・バスケットボールリーグ」が発足した。略称はＪＰＢＬで「B.LEAGUE」の愛称はまだない。

新リーグはまったくのゼロからのスタートだった。bj、ＮＢＬを脱退したクラブを受け入れる「器」を急ごしらえで用意したものの職員はゼロ。理事も川淵、境田と2人で、社団法人としての体裁を取るための最低限の人数だった。しかし組織作り、カテゴリーの割り振り、スポンサー獲得、プロモーションといった膨大の実務を、２０１６年秋の開幕戦までに終える必要があった。

２０１５年の４月に入って、日本協会とリーグの実務を担うキーマンとして登用されたがの大河正明だ。

大河は三菱銀行（現三菱ＵＦＪ銀行）の出身で、１９９５年から97年にかけてＪリーグに出向した経歴を持つ。そのときに生まれた縁もあり、２０１０年にＪリーグへ転職し、２０１５年春の段階ではＪリーグの常務理事を務めていた。つまり川淵と同じサッカー畑の人間だった。

洛星中・洛星高時代にはバスケットボール部へ所属し、中学時代は全国4強の実績もある。ただバスケのビジネスや運営とはまったく縁がなかった。

一方で彼はＪリーグの経験などから規約規定の作成、クラブライセンス制度の整備について熟知していた。Ｊリーグとバスケ界の〝縁〟から、改革に携わっていたメンバーたちとやり取りも行っていた。転機となったのは3月26日の面談だ。

大河は振り返る。

「手伝ってほしいという話を受けたときに『僕はバスケットボールをやっていましたよ』とお伝えしたのが、川淵さんにインプットされて契機になったと思います」

川淵はタスクフォースと精力的に関わっていたが、それは消耗の伴う激務だった。新体制の日本協会、4月に発足する新リーグまですべてを1人で背負い続けることは不可能だ。

しかしリーグの新チェアマン、日本協会の事務総長を担い得る人材が見つからず、川淵を苦しめていた。

当時の川淵はこう述べていた。

「僕は1月の後半くらいから、血圧がすごく上がっていたんだよ。寝ても覚めてもバスケットボールのことを考えている状態で、朝3時くらいに目が覚めて、血圧が下100、上200くらいになったんだよね。普段は大体80前後～130か140という正常な値だけど、（タスクフォースの）チェアマンを引き受けてから血圧が高くなった。ぶっ倒れるかなと思って、女房も辞めてほしいと言っていたくらい。その状況を大河常務理事と会って話をして、彼は本当に僕の命が危ないと思ってくれたみたいなんだよね。彼が引き受けてくれると決まったら、血圧も一気に正常に戻った」

大河は言う。

「『色々悩んでいて、人がいない』という話になった。お助けできるのあればとお受けしたんです」

大河は4月下旬に新リーグの理事となり、5月には日本協会の専務理事事務総長へ就任。バスケ界の実務を切り盛りする立場となった。Bリーグ立ち上げのキーマンとなってこの競技に根を下ろし、川淵に続くチェアマンも務めた。

この時点で大河は新リーグのヒラ理事で、リーグのトップを川淵から引き継ぐと決まっていたわけではない。川淵は早くから新リーグのトップを担う人材を探し、面談も行っている。バスケットボールやサッカーで成功を収めた経営者がチェアマン候補として浮上していた。その1人が当時は千葉ジェッツの社長だった島田だ。

境田は明かす。

「2月中旬頃にはリーグ統合の目途も立っていたので、新リーグのチェアマンを探し始めました。川淵さんから私に候補者のご紹介もあったのですが、私は最初から島田さんを考えていました。一度、川淵さんに島田さんに会ってもらおうと、面談をセットしました」

川淵と島田の面談が実現したのは3月18日だった。スポーツ議員連盟総会後、取材が押して次の予定もあった川淵に、境田は島田を強引に引き合わせた。川淵は明かす。

「誰が良いか相当探して、その1人が島田さんだった。（バスケ界は）若いけれど結構いい経営者がいる、Jリーグのスタートのときに比べていい人材がいるなって思った。Bリーグのチェアマンはアテが無かったから、クラブの成功した経営者が良いなと。ただ島田さんもまだ2年か3年しか（千葉の社長を）していなくて、すぐには無理ということだった」

実際に島田は2020年7月からチェアマンとしてBリーグの舵取りを担っている。島田はこう振り返る。

「境田先生とバスケ界のこと、今の状況についてやり取りをして、『川淵さんに会ってくれないか』みたいな話になった。そのあと衆議院議員会館に呼ばれて、初めて川淵さんにお会いしたんです。川淵さんは『時間がない』と言っていたけれど、しばらく話して『境田先生から聞いていたけれども、やっぱり良い』みたいな感じになった」

千葉ジェッツのその後の成長・発展を見れば川淵と境田の慧眼は証明されているわけだが、島田はこの後しばらく続いた〝ラブコール〟に応じなかった。クラブ経営からまだ手を離せる状況になかったからだ。

制度の詰め

大河は2020年6月までBリーグのチェアマンを務めて退任した。退任会見で「一番大変だったこと」を問われてこう答えている。

「売上見込ゼロ、従業員ゼロで2015年4月に発足して、(開幕の)期限も1年半後と区切られていた。日本協会の専務理事も兼ねていたので、開幕までの1年半は殺人的(なスケジュール)でした」

2015年5月の段階で、トップリーグの分立解消と、協会の刷新という2つの難題は片付いていた。FIBAによる制裁処分の解除も固まっていた。ただしNBLやbjリーグの継承でなく完全な新リーグを立ち上げる選択をした経緯もあり、組織作りはゼロからのスタートだった。

制度の「詰め」も必要だった。大河は説明する。

「何をもって(アリーナの収容人員を)5000人とするのか、どうやったら8割と証明できるのか。その議論が4月から7月くらいかかな。Bリーグの規約規定に関わるものもすべて作らないといけなかった。そこは最初大変でしたよね」

この時期に5000人の中に立ち見席を含める判断が下されている。またアリーナも2015年の段階では株主、首長による「作る予定がある」という宣言でOKを出す運用だった。

大河は4月から日本協会と新リーグを掛け持ちする「二刀流」の日々を送っていた。今は東京都文京区の同じビルに入っている日本協会とBリーグだが、当時のJPBLは日本サッカー協会やJリーグが入るサッカー界の〝本丸〟に居候していた。日本協会とリーグの転居が完了する2016年2月まで、大河は五反田の日本協会と御茶ノ水のJFAハウスを往復する二重生活だった。

新リーグの仕組みをどうするか、その大きなポイントが、各階層のチーム数だった。最終的にB1、B2それぞれ18チームずつの配分となったが、FIBAと日本側の意向にズレのあった部分だ。大河はこう説明する。

「FIBAは（1部が）12チームで良いと言っていました。バスケットボールをやっていた人ほど、10とか12という主張が圧倒的に強かった。川淵さんは違いました。12チーム分しか選手が揃っていなくても、18にすれば6チーム分の日本人選手がそのうち必ず育つと何度も仰っていました」

もう1つは動き始めたアリーナ建設計画に「冷や水」はかけられないとする判断だった。大河は続ける。

「せっかく5000人のアリーナでやろうと決めてくれたところが、1部を12チームにした瞬間に『じゃあ5000人はいい』『もういいんじゃない？』という空気感も出かねない。18で良かったと思います」

新リーグへの申し込みはNBLから13、NBDL（NBLの2部）が10、bjリーグは24。合計すると47チームだった。

カテゴリーを決める上で重視された条件はアリーナと経営だ。1部は「試合の8割以上を開催できる5000人収容のアリーナ」「2億5000万円の売上収入」のハードルが提示されていた。とはいえ47クラブすべてについて総合的な評価を下すミッションは、決して容易なものでない。

1部〜3部の振り分け

1部から3部への振り分けは第1次発表が7月27日、最終の第2次発表が8月29日に行われている。

7月27日の記者会見で、まず20クラブの割り振りが発表された。（チーム名は当時）

★1部（12クラブ）
秋田ノーザンハピネッツ
仙台89ERS
リンク栃木ブレックス
千葉ジェッツ
トヨタ自動車アルバルク東京
東芝ブレイブサンダース神奈川
浜松・東三河フェニックス
アイシンシーホース三河
三菱電機ダイヤモンドドルフィンズ名古屋
京都ハンナリーズ
大阪エヴェッサ
琉球ゴールデンキングス

★2部（5クラブ）
青森ワッツ

福島ファイヤーボンズ
豊田通商ファイティングイーグルス名古屋
バンビシャス奈良
高松ファイブアローズ

★3部（3クラブ）
大塚商会アルファーズ
豊田合成スコーピオンズ
アイシン・エィ・ダブリュ アレイオンズ安城

これらは議論が割れず、スムーズに決まったクラブだ。どこが1部に入るか、そもそも1部が何クラブの構成になるか、そこが7月末時点の焦点だった。第1次発表の段階で、川淵はこう述べている。

「ハードルを超えたチームが多ければ、それなりのチーム数になると思います。最初にヴァイスさんから言われたのは14プラスマイナス2だった。もう12チーム決まっていて、最大は16になるわけですけれど、状況によってはそれを超えるかもしれません。そうご理解いただければと思います。各チームの頑張り、地域の市民やクラブへの盛り上げ方といったものが最終的に決定の要因になる。可能であれば18くらいまではいい。この1か月間の（各クラブの）努力次第です」

入会を拒絶されたクラブが和歌山トライアンズと、広島ライトニングだ。和歌山はNBLで2シーズン戦ったのち2014－15シーズン限りで活動を休止しており、2015年の時点では実態が乏しかった。広島ライトニングは2015－16シーズンからbjリーグに参戦していたが、広島県にはNBLの広島ドラゴンフライズがあった。複数チームへの支援表明を受け入れない、広島県協会の意向があった。

大河はこう説明する。

「和歌山はNBLを休会していました。再開のメドが立たず、財力がついてくるかがほぼ難しかった。ライトニングはお金がなかったし、アリーナも取れないし、県のバスケットボール協会の支援を得られないという三重苦でしたね。2つを除いた45を決めて、東京海上のように数クラブあった企業系の運営法人を作らず、サッカーのJFLみたいなところでいいというチームを除いたざっくり40チームを、1・2・3と振り分けていきました」

残る25チームの中で、1部か2部で検討されているクラブが15クラブ。2部か3部で検討されているクラブが10クラブあった。

大河は振り返る。

「B1当確と、最初からB2でいいクラブは簡単です。その真ん中が非常に難しかった。（B1最後の1枠は）富山、島根、岩手が争っていました。1万人のファンクラブ会員を1か月で集めるとか、そういう努力をできますか？みたいな投げかけをそれぞれにやった記憶があります」

6月中旬から階層分けに向けた面談がスタートした。最初は知事、市長との面談も考えていた大河だが、時間に追われる中で、作業を効率的に進める必要があった。

「どう考えても時間が足りないので、来てもらいました。首長さんが来るのは反則だからダメと言って、クラブにだけ来てもらった」

ただし福島ファイヤーボンズ、バンビシャス奈良、高松ファイブアローズは面談をしていない。自らの経営体力やアリーナを踏まえて「最初からB2でいい」クラブだった。また高評価ゆえに大河が敢えて面談をしなかったチームもある。

「秋田、栃木、千葉、琉球、この4つは面談していないんです。クラブの経営状況に関する数字が頭に入っていれば大丈夫というのが僕の大きな判断基準だけど、分科会に経営者の皆さんが出てきていて、発言を聞けば大丈夫だろうと分かった。決算書も問題なかった」

8月29日、全45クラブの割り振りが次のように発表された。ここで1部と2部の「18」というクラブ数と、東・中・西の3地区制が確定している。2部以上に入れなかったクラブは、地域リーグでなくプロアマ混合の3部へ振り分けられた。

（チーム名は当時、※は8月29日の会見で発表されたクラブ）

★1部（18クラブ）

【東地区】

レバンガ北海道　※

仙台89ERS

秋田ノーザンハピネッツ

リンク栃木ブレックス

千葉ジェッツ

トヨタ自動車アルバルク東京

【中地区】

日立サンロッカーズ東京　※

東芝ブレイブサンダース神奈川

横浜ビー・コルセアーズ　※

新潟アルビレックスＢＢ　※

富山グラウジーズ　※

浜松・東三河フェニックス

【西地区】

アイシンシーホース三河

三菱電機ダイヤモンドドルフィンズ名古屋

滋賀レイクスターズ　※

京都ハンナリーズ

大阪エヴェッサ

琉球ゴールデンキングス

★2部（18クラブ）

【東地区】

青森ワッツ

岩手ビッグブルズ　※

パスラボ山形ワイヴァンズ　※

福島ファイヤーボンズ

サイバーダインつくばロボッツ　※

群馬クレインサンダーズ　※

【中地区】

東京エクセレンス　※

アースフレンズ東京Z　※

信州ブレイブウォリアーズ　※

豊田通商ファイティングイーグルス名古屋

西宮ストークス　※

バンビシャス奈良

【西地区】
島根スサノオマジック　※
広島ドラゴンフライズ　※
高松ファイブアローズ
大分・愛媛ヒートデビルズ　※
熊本ヴォルターズ　※
レノヴァ鹿児島　※

★3部（9クラブ）
埼玉ブロンコス　※
大塚商会アルファーズ
東京海上日動ビッグブルー　※
東京サンレーヴス　※
東京八王子トレインズ　※
金沢武士団　※
アイシン・エィ・ダブリュ アレイオンズ安城

豊田合成スコーピオンズ
ライジング福岡　※

体育館から、アリーナへ

川淵は1部のチーム数についてこう述べている。

「各クラブの1部に参入するハードルを越える努力が、かなり強力に行われたので、1部は18クラブにしたい。アジアでは中国が20クラブで韓国が10クラブで、オーストラリアは8クラブあります。日本の実力からすると、かなりクラブ数が多いと思いますけれど、日本中で愛されるバスケットボールクラブが誕生するためには、それくらいの数が適当ではないかと思います」

5000人収容のアリーナというB1入りの条件も、最終的には20クラブがクリアした。そんな各クラブと、自治体の努力を評価した末の1部リーグ拡大だった。

1部と2部の3地区制については、川淵はこう語っている。

「地域で分けることとは、コストの低減に役立つ。近くの県との対抗戦はダービーマッチに似たところもあって、盛り上がるだろうという考えです」

新たに1部入りを発表された6クラブについてはこう決められた。当時の大河はこう説明している。

「もう既に売り上げ規模2億5000万円以上を確保していて、あとはアリーナの確実性がポイントであった日立と滋賀は、確実だろうと判断されたので、まず1部と決めさせていただきました。さらに新潟、北海道も売り上げ規模は2億5000万円にほぼ届いている状況の中で、財力の安定性に少し課題があったところをクリアされる見通しが立ったということで1部と決めさせていただきました」

問題は最後の2枠だった。現在と今後の事業規模、財務の安定性、株主や経営者、行政、アリーナ、リーグ所属の年数などが争点になった。大河はこう述べている。

「あと2クラブを選定するにあたって、残ったクラブが4クラブあります。岩手、横浜、富山、島根が、そういった相対比較の中で上位に来ました。行政の熱烈な支援があり、大きなスポンサーが獲得できる、売り上げ規模を相当アップできる見込みのある横浜をまず選びました。最後に僅差ではありましたけれど、富山が他の2クラブを上回りました」

岩手、山形、群馬、信州、西宮、広島、島根、熊本は「1部と2部の間」で審査された

8クラブだったが、初年度をB2で迎えている。「2部と3部の間」で議論されていた東京エクセレンス、東京Z、つくば、鹿児島も2部入りを果たした。

1部入りを目指す自治体、クラブの動きは激しかったものの、決定したカテゴリー分けには異論が出なかった。もちろんBリーグは入れ替えのあるリーグで、2部に振り分けられたチームも2017－18シーズンの昇格に向けた再チャレンジができる。加えて大河の丁寧なコミュニケーションも奏功した。彼は振り返る。

「どこも『これで売上が2億5000万円に行きます』と理屈をつけてくる。相手が表に出したくないところを明らかにしていかないと、諦めないわけです。各クラブの主張を『おかしいよね』と切り崩すのは、色々な苦労がありましたね」

各クラブは新リーグ発足という追い風を受け、新たなスポンサーを募って「2億5000万円」のクリアに奮闘した。スポンサー企業の社長を連れ、1億円の入金が記帳された通帳を持って大河のもとを訪れたクラブもあったという。

B1に入ることができれば、もちろん経営的な追い風になる。経営基盤や実績が乏しいクラブも必死に理論武装を行い「自分たちがB1に入るべき理由」をアピールしていた。それに耳を傾けつつ矛盾やクリアが難しい理由を具体的に指摘し、可能性の乏しさを理解してもらう……。それは銀行員やJリーグのライセンスマネージャーとして豊富な経験を持っていた大河だからこそ可能だった芸当かもしれない。

9月15日には「B.LEAGUE」の名称とロゴが発表された。Bはもちろんバスケットボールのbだ。新チェアマンには大河が就任し、境田、島田らも理事に加わった。ただし川淵は新リーグの理事に名を連ねなかった。

大河は会見の中で新リーグに込めた思いをこう述べている。

「1つ目は、世界に通用する選手やチームの輩出です。当たり前かもしれませんが、代表がまず強くならなければなりません。代表を強くするために日々、切磋琢磨する。これが新しいプロリーグです。

2つ目は、徹底的なエンターテインメント性の追求です。勝っても負けても試合を見に行って楽しかった。試合に行くときや帰るとき、親子や夫婦、恋人同士や友達同士が『今日のあのプレーは良かったね』『今日のあの演出は良かったね』と言ってもらえる。そんなエンターテインメント性を重視した演出、そして試合の方式に取り組んでいきたい。

最後に、エンターテインメント性を上げるために最も重要なのが、夢のアリーナです。体育館ではありません。アリーナです。夢のアリーナを作って、それが地域に根差したスポーツクラブになっていく。非日常の空間を存分に楽しめる。こういった環境を提供し、プロリーグを盛り上げていきたいと思っています」

第13章 企業チームのプロ化

競技的な主役は実業団

2015年4月の段階でNBL、NBDL、bjリーグの全チームが入会の申し込みを済ませていた。一方で企業チームの動向は、リスク要因として残っていた。

NBLの最終2015－16シーズンのレギュラーシーズンは、次のような勝率順になっている。

1位　トヨタ自動車アルバルク東京
2位　リンク栃木ブレックス
3位　東芝ブレイブサンダース神奈川

4位　アイシンシーホース三河
5位　日立サンロッカーズ東京
6位　レバンガ北海道
7位　三菱電機ダイヤモンドドルフィンズ名古屋
8位　千葉ジェッツ
9位　広島ドラゴンフライズ
10位　熊本ヴォルターズ
11位　西宮ストークス
12位　サイバーダインつくばロボッツ

トヨタ自動車、東芝、アイシン、日立製作所、三菱電機の実業団5チームが平均4・0位、プロ7チームは平均8・3位だから明らかな「格差」が見て取れる。栃木、北海道、千葉が好調な集客を誇り、成長の芽を見せ始めていたものの、競技的な主役は企業チームだった。

企業チームには大きなアドバンテージがあった。1つは営業活動の手間と経費をかけず、年間3億～4億円の予算を手にできる経済力だ。環境面も会社の施設をほぼ自由に使えて、ウエイトトレーニングなどの機材も整備されているチームが多い。プロチームでも栃木のみは既に企業チームの強豪と伍していたが、トップ選手は企業チームにほぼ集中していた。雇用形態は実質的にプロと言い得る業務委託、嘱託の契約が多く、いわゆる正社員選手も社業免除の状態が多かった。

bjリーグにもオーエスジーのバスケットボール部をルーツとし、親会社の施設も使い、社員選手が在籍していた浜松・東三河フェニックス（当時）の例はある。ただし法人化を済ませてプロとしての活動実績もあり、社内で活動が完結していたチームとは明確に区別できる。

NBLの企業チームは長らく総意としてプロ化を拒否してきた。法人化を皮切りとしたプロの体制づくり、自治体やスポンサーとの関係構築はゼロからのスタートとなる。プロ化をする以上はファンや行政への責任が発生し、企業の一存で運営を放棄できない。従前のバスケットボール部と比べて、支出が増える可能性もある。そう考えると実業団のプロ化がリスクであることも確かだ。

プロ化のタイミングで撤退する事態も、当然ながら起こり得た。5チームすべての新リーグ参加は、率直に言ってかなり楽観的なストーリーだった。とはいえ5社の持つ人材、施設はバスケ界にとって財産で、新リーグは当然それを引き込みたい。川淵は彼らの顔を立てつつ、実を取る動きをした。

川淵はJリーグ発足時にも、企業と対峙している。

「Jリーグを通じて企業が何を望んでいるかはよく知っていた。（サッカーの）プロ化に対して企業は成功という意識をまるで持っていない。プロ化するとまた赤字を垂れ流しになるから、やめなくちゃいけないかなと思ったところが大半だった」

川淵は続ける。

「法人化してクラブの経営は別個にしてください。しかし企業名は残していいという判断をそこで僕は下している。それはJリーグを創るときと根本的に違うところです。そうしたって大丈夫と自信があった。多少は企業スポーツに寄っても、バスケットボールそのものが発展していけばいいという思いだった」

「企業名をつけるなら3000万円ください」

そもそもJリーグ開幕した1993年とBリーグ発足が決まった2015年ではプロス

ポーツを取り巻く状況が変わっていた。社名を名乗るプロ野球さえ地域密着の動きを強め、ファンへ歩み寄る経営に変わっている。企業名の名乗りを許したからと言って、Bリーグの理想が大きく揺らぐことはなかっただろう。

ただし川淵はある条件を提示していた。

「企業名がついているところは3000万くださいという内容を非公式に言っていた。トップに直接でなく、クラブの責任者にその旨を伝えて、専務クラスの人と会ったりするときにもそんな話をしていた。あのとき5チームあったから1億5000万円。予算の中に入るからそれでよしにするかと思った」

これが意外な展開を呼ぶ。各社のトップが次々に企業名を出さない意向を表明し、Bリーグは Jリーグと同じ「地域名+愛称」の組み合わせが定着した。

一方で川淵は妥協の効果を強調する。

「はじめに『企業名を外せ』と言ったときに、トップの人が『じゃあ外す』と簡単に言ったかどうか。『じゃあ辞める』と言った可能性の方がかなり高いなと思う。東芝なんかは『外せ』と言ったら絶対やってないよ」

境田は「担当者目線」でこのような裏事情を説明する。

「企業名を残すならBリーグへの上納金なり、スポンサー料なりを出すレギュレーションにするように考えていると言ったら、僕のところにみんな飛んできた。『そんなことを言ったら本当についていきません』『それ以外は頑張るから、それだけは何とか』という反応だった。今まで2億とか3億とか親会社から資金援助してもらっていて、Bリーグに入ったとしてもそれくらいのお金はかかるわけです。なんだけど、加えて3000万円の上納金といった別枠の支出を本社に要求するのは、担当者からしたらこれは堪らんわけです。社内の承認プロセスが大変なんですよ」

川淵、境田の動きを引き継いだ大河はこう振り返る。

「企業チームもとりあえずは入会届を出したけれど、東芝と日立はどうなのかな?最後まで踏ん切りをつけて出しているのかな?とは思いました。温度感は違いましたよ」

「純実業団チーム」の誇り

最大の焦点は東芝の動向だった。同社は1999年に野球、ラグビー、バスケットボールの3競技以外から撤退した経緯がある。サッカー部は日本リーグ1部経験のある強豪だったが、Jリーグ発足直後の1996年に北海道へ移転。東芝は手を引き、コンサドーレ札幌の運営会社に承継されて今に至っている。

東芝のバスケ部は日本人選手がすべて社員契約で、午前中の勤務を済ませて午後から練習をする環境だった。全選手が引退後も会社に残る前提の「純実業団チーム」だった。

川淵は東芝側とこんなやり取りをしている。

「他のチームは意外とプロ契約みたいな選手が多かった。東芝はその当時の林（親弘）部長が、バスケットボールをやめても会社で雇用する前提の社員契約でやっていると話していた。だからプロ契約できませんというから『プロでやっている間はプロ契約して、プロを辞めたら社員に戻せばいい』って伝えたよ。そうしたら選手として頑張って、降りたら正社員で同じ年代の人と同じ待遇でやっていける。それでやれないわけないじゃないか？と言ったらそれでやるようになった。最終的に名前を出さない判断にも乗っかった」

2015年当時は東芝のスポーツ推進室長で、川崎ブレイブサンダースの初代社長も務めた荒木は「企業スポーツの意義」をこう述べる。

「スポーツも、社会人として成長するためのレッスンの場であるという考え方ですね。スポーツをやった人間も、引退後は社業に就く。そのときに仕事をやっていた人に見劣りしない能力を、スポーツを通して身につけておく、成長を遂げておく必要があります。スポーツをやってきた人間はむしろチームワークを取れたり、相手を思いやれたりする強みがある。スポーツは選手たちが将来的に会社へ貢献できる、人材育成の1つであるという位置づけもあると思います」

実際に競技から退いた後に社業で結果を出したOBも多い。それは彼らの誇りだった。

当時の温度感について荒木はこう振り返る。

「プロ化に向かう中で企業チームとは連絡を取り合っていました。全体の雰囲気はプロ化にあまり前向きでなく、『プロより強い実業団リーグを作ろう』なんて意見も出ていたほどです。ところが川淵さんがリーダーに就かれた直後から状況が一変し、他社は新リーグへ参加することになった。（東芝は）追い込まれたような雰囲気になってしまった」

プロ化をやり遂げた大企業サラリーマン

プロ化の濁流に押し流される展開で、東芝もプロ化へ動くことになった。ただし当時はバスケと別の次元で、会社が試練に見舞われていた。それは2015年夏に表面化した

「不適切会計問題」だ。歴代の3社長が辞任する、経営的な激震だった。プロ化の動きは遅れ、2016年4月に入ってようやく始まった。

新生Bリーグの開幕まで6か月弱。東芝はそんな短期間に、しかも手作りでプロクラブを作らざるを得なかった。荒木のような野球部OB、ラグビー部OBが集う「オール東芝スポーツ」体制で、シドニー・オリンピックの野球日本代表メンバーだった平馬淳（現東芝野球部監督）も営業に駆け回った。

彼らはスポーツビジネスについてはまったくの素人だ。しかし「やる」となったら徹底的にやり遂げるのが大企業のサラリーマン。そしてバスケ部が廃部となれば、その動きは野球部やラグビー部にも波及しかねない。自らの愛する競技を守るためにも、仲間の存続は重要だった。

もっとも東芝のプロ化は本当にギリギリだった。荒木はこう振り返る。

「正式にBリーグ参入の決断がされたのは2016年6月頃です。株主をはじめステイクホルダーの皆さんから『そんなことをやっている場合か』という意見も当然出てくる。そこも考えながら、会社として再生の目途が立つまでは、最終的な結論を出せなかった。ひょっとしたら途中で頓挫する可能性もありながらの準備で、そこは苦しかったです」

Bリーグ側も東芝の姿勢を危惧し、参入を確約する書面を要求する一幕があったという。

選手のプロ契約も開幕には間に合わなかった。荒木は述べる。

「1年目って本当のプロは外国籍選手と辻直人しかいなかった。社員のまま今の会社に出向した形で、その出向した先がバスケットボールの仕事だった。1年目は正直にいうとそのような状態でしたけれど、2年目で全員がプロ契約になりました」

Bリーグ発足に伴い、選手の報酬は大幅に上がった。これからは「コート外のプロフェッショナル」が増え、引退後のセカンドキャリアもバスケ界の中で探しやすくなっていくはずだ。開幕から5シーズン目を迎えた今は、例えば日本代表クラスならば社員契約という「保険」はおおよそ不要だろう。東芝の社員選手たちも、最終的にはほぼ全員がプロの世界に飛び込んでいった。

プロとして独り立ち

そして東芝を母体とする川崎ブレイブサンダースは、徐々にファンを増やし、演出などの水準も向上させ、右肩上がりの状態で2シーズンをやり切った。2018年にプロ野球事業で成功したＤｅＮＡへの承継が行われ、東芝は保有と経営から外れたが、スポーツ推進室の社員たちは立派な「つなぎ」を見せた。

荒木は今になってこう反省する。

「何年も議論されてきたバスケットボールのプロ化について、プロ化とは何かの本質を理解しないままで議論を進めていたように思います。今になってやっと分かったけれど、私自身がプロ化について完全に誤解していた。『従業員として活用すべき選手を、競技部分だけを抜き取って金儲けを強要する世界には疑問がある』という狭い発想だった。その能力を短期間は活用できても、人間力を育成できないのではないか？という思い込みがあった。企業スポーツは従業員の士気高揚、広告、ＣＳＲという三本柱でやるものですけれど、士気高揚が一番の企業と、広告が一番の企業に分かれます。うちは士気高揚が一番でしたが、社員がやらないと従業員の心を打たないと思っていた。でもやってみたらそんなことはありませんでした」

Ｂリーグが発足すると、東芝の社員たちは「元同僚」に対して変わらずに声援を送っていた。ファンは社内社外関係なく一体となり、胸に「ＴＯＳＨＩＢＡ」のロゴが入ったユニフォームを身に着けてとどろきアリーナを埋めるようになった。

「１０００人少ししか観客が入らなかったのが、２シーズン目は３０００人を超えました。

増えたのは一般の方々です。サンダースの存在は、その人たちがバスケットボールを通じて東芝を理解していただくことにもつながります。何より選手が幸せになりますね」

川崎ブレイブサンダースを承継したＤｅＮＡは、ホームタウンやチームカラーを維持し、東芝以来の伝統へのリスペクトも絶やしていない。東芝側も協力を続けて体育館や選手寮などの環境は維持されている。当然ながらクラブから東芝に戻った社員もいるが、50年以上に渡ってチームに携わっているベテランのスタッフはチームに残った。

仮にバスケ部が法人として切り分けられていなければ、承継はこのようにスムーズには進まなかっただろう。彼らが苦労してプロ化に踏み切ったおかげで、仲間たちのプレー環境は守られた。

日本ではクラブのオーナーチェンジを「身売り」という表現でネガティブに受け止める傾向がある。しかし新オーナーはファンからも歓迎された。荒木は承継が決まった直後にこう述べている。

「ネガティブな反応ってあまりないです。不思議なことに。誰かに何か言われるかなと思ったけれど、まったく言われませんね。東芝からのファンの方もむしろ良かった、チームが続いてよかったねと思っているのかもしれない。特に東芝の人たちから『なぜ守れないんだ』というようなことを言われると思っていたけれど、まったくない。それも寂しいなと（笑）」

もちろんプロ化の努力は東芝だけでない。トヨタ自動車は名古屋グランパスエイトの親会社だが、一方で様々なアマチュアスポーツを支援する「企業スポーツ」のパトロンだ。そんな彼らもBリーグの発足にあたり、スポーツビジネスの方向へはっきりとかじを切った。

２０１６年6月に立ち上がったアルバルク東京の新法人にはトヨタ自動車が90％を出資したものの、新社長に迎えられたのは三井物産出身の林邦彦だった。彼は三井物産フォーサイトの常務として広島カープの本拠地「マツダスタジアム」の運営を経験し、ボールパーク事業を成功させた実績を持っていた。

アルバルク東京はクラブスタッフにも川崎フロンターレを経てＮＢＬ入りし「最後の事務局長」を務めていた恋塚唯や、リンク栃木ブレックスの下出など、スポーツビジネスのプロを集めた。

もちろん力の入れ方、集客の成果に差はある。ただ旧企業チームもBリーグ発足を機にプロモーションやファンサービスに力を入れ、今やプロとして独り立ちしつつある。

第14章

人材とスポンサーを集める

様々なバックグラウンドを持ったスタッフが結集

2015年8月9日にはFIBAによる日本協会の国際資格停止処分が正式に解除され、バスケ界は平時に戻った。しかし両リーグの統合ほどでないにせよ、新リーグのスタートアップも困難な作業だ。Bリーグの大枠、開幕時期は決まっていたもののディテールを急ピッチで仕上げる必要があった。

2015年9月15日にBリーグのチェアマンとなった大河だが、就任前から事業面で奔走していた。人材確保はまず重要なポイントだった。最初に採用されたのが、Bリーグの初代事務局長を務めた葦原一正だ。プロ野球の2球団でキャリアを積んだスポーツビジネスの専門家で、当時はコンサルタント会社に勤務していた。Jリーグの仕事を通して、大河と葦原には面識もあった。葦原は5月上旬に大河と面談を行った末に、5月末からBリーグに加わっている。もっとも9月15日時点で、Bリーグの職員は10人足らずだった。それが翌年9月22日の開幕時には40人近くまで急増している。

川淵、大河はサッカー界の出身だが、葦原のようなプロ野球界出身者も重要な役割を果たした。Bリーグは今もそうだが20～30代の若手が多く、様々なバックグラウンドを持った人材が結集している組織だ。

若い力の活用された一例が「B.LEAGUE」の名称やロゴの選定だ。大河は明かす。

「最初は『ユナイテッドリーグ』という名称とロゴがあったんだけど、ボクが見ても冴えない感じでした。葦原が『B』という名前を登録商標的に使えるかどうか調べて、使えるみたいだと分かった。シンプルだしそれで行こうよと、Bリーグになりました。確か6月7月くらいです」

大河は続ける。

「ロゴはいくつかの案を持って中高生に見せに行ったら、圧倒的に今のやつが支持をされた。僕や川淵さんは正直『何が良いんだろう?』と思っていたんです。でも若い子はみんなこれが良いといって、支持も圧倒的だった。川淵さんは『俺らが意見を言うのはやめよう』と仰って、そう決まりました」

ＪＢＬ、ＮＢＬのリーグ運営に関わっていた増田は、２０１５年７月からＢリーグに合流している。山谷専務理事ＣＯＯの退任、丸尾理事長の重病もあり、増田は４月にＮＢＬの専務理事となっていた。そのような重職を担い、シーズンも丸ごと残っていた。しかしＢリーグは人材を必要としていた。

増田は振り返る。

「競技運営のルールを作らなければいけなかったので、ＮＢＬを終えてから入るのでは遅かった。事業系は葦原とか動ける人間がいたけれど、競技系をできる人間がいない。大河や葦原、境田先生から『早めに来い』と話がありました」

櫻井うららは大河のチェアマン就任と同時にbjリーグからＢリーグに移った。現在はクラブライセンスマネージャーとして、各チームの経営をサポートしている。秋田県出身の彼女は２０１３年から秋田ノーザンハピネッツの広報を務め、２０１４年からはbjリーグ本体に入っていた。

櫻井はＢリーグとの縁が生まれた経緯をこう説明する。

「Bリーグの前身となる準備室があって、分科会が作られました。競技運営、マーケティング、広報、ホームタウンと種類があって、私ともう1人がbjリーグから選ばれたんです。私はホームタウンの分科会に選ばれました」

しかし当時の櫻井は難しい立場にいた。Bリーグの制度設計は明らかにbjリーグよりNBLに近かった。また法人としてのbjリーグ（株式会社日本プロバスケットボールリーグ）も、改革の流れにほとんど絡めていなかった。株式の買い取り、新リーグの権益獲得といったbjリーグ側が望んでいた扱いも得られていなかった。疎外感、被害者意識を感じるリーグ関係者がいたとしても不思議はない。

櫻井自身はBリーグ発足の流れに可能性を感じていたが、逡巡もあったという。

「私は『新しい歴史を作るんだ』と思っていましたけれど、立ち振る舞いは難しかったです。bjの役員にもしっかり接さないといけないし、分科会では自分の意見を言わないといけない」

櫻井は結果的に分科会で見せた積極性や能力を評価され、Bリーグからオファーを得た。彼女は当時の心境をこう振り返る。

「bjリーグはみんなバスケットボールが好きで、その世界観にプライドを持ってやり切ろうという熱意を持った人材ばかりでした。だけどbjリーグの他のスタッフは誰も声がかかっていなかった。この先どうなるか分からない中で、ラストシーズンを残しているから手も抜けない。私だけは先が決まっていて、そこに苦しさはありました。『新しい歴史を作る』という思いは嘘じゃないけれど、なぜこんな血を流さないといけないいんだっけ?と……」

bjリーグには、未来が必ずしも約束されていないプロバスケに、勇気と志を持って飛び込んだスタッフたちがいた。にもかかわらずBリーグ発足を機に、バスケから離れた人材が多い。

クラブにはBリーグという魅力的なステージが用意されていた。NBLのスタッフも基本的には全員がBリーグ、クラブへの再就職に成功している。それぞれの組織が新しい時代に力を発揮できる人材を選んだ帰結にせよ、そこは明暗が分かれた。

事務所経費とスタッフ人件費の金策

大河は日本協会の事務総長を2016年6月まで兼任していた。そんな彼に対して、様々なアプローチがあったという。

「間接的なものも含めてメール、お手紙をいただきました。『誰それを代表に選ばないのは何事だ。事務総長の権限で選び直せるはずだ』とか。昔の日本協会に関わっていた方から『どうやって代表を強くするか教えるから時間を空けてくれ』と連絡もありました。そういう方は人事が大好きで、自分たちを技術委員会のようなところに入れろとか、結構言ってきていました」

派閥争いは旧協会時代からの悪弊だが、当時はまだそれに類した動きも残っていた。日本バスケの強化はFIBAが掲げた3大テーマの1つで、重要なポイントは技術委員長の専任だった。大河は直前まで浜松・東三河フェニックスのヘッドコーチを務めていた東野智弥を抜擢する。

この時期の改革でリーグ、協会ともに30～40代が枢要なポジションを担う体制となっていく。東野は2016年6月の就任時点で45歳と若かったものの、コーチ歴が長く、国際性の高い人材だった。FIBAの紹介もあったが、彼の尽力によってルカ・パヴィチェヴィッチ、フリオ・ラマスといった世界レベルのコーチが日本に招聘されている。

日本協会の会長となった川淵は大河や葦原に権限を移譲しつつ、Bリーグの意思決定にも要所で関わっていた。事務局長だった葦原は、著書『稼ぐがすべて Bリーグこそ最強のビジネスモデルである』の中でこう明かしている。

「会議をひとつ例にとると、絶対に時間に遅れない。ややもすると誰よりも早く席に着く。そして『聞く力』と『話す力』のバランスが絶妙で、発表者に対して絶対に『え、今、何と言ったの？』と聞き直さない。それだけ会議に集中している証拠である。また、重要な決断も早く、意見を言うときは多くを語らず、ストレートな思いを人の目を見ながらぶつけてくる。直球ゆえ理解しやすいのである。

そして会議の最後には必ず『みんなのおかげでB.LEAGUEは順調だ。ありがとう』と感謝の言葉を忘れない。

日々の所作、そして決断力。重要な案件になればなるほど決断を苦手としているリーダーは多くいる。開幕までの時間がないB.LEAGUEにとって、決断力はないリーダーは致命的。川淵さんはあいまいにすることなく、その場で決めてくれた。また、川淵さんは方向性を提示する際、必ず『根拠』も添える」

Bリーグのスタッフは川淵にとって息子、孫のような世代ばかりだが、彼はそんな「若造」の良さをスポイルしないリーダーだった。

一方で新リーグの足元はまだ脆弱だった。スタッフを雇用するにも、クラブへ配分金を払うにも、原資がいる。Ｂ１の18クラブに配分金を３０００万円出すならば5億４０００

万円、5000万円なら9億円が必要になる。40人の職員を雇うなら相応の人件費が必要になる。

Bリーグの運営法人は4月1日に発足し、5月からは職員の採用を始めていた。当然ながらスタッフの給与を支払わなければいけない。新リーグはJFAハウス（日本サッカー協会ビル）のスペースを間借りしていたが、タスクフォースが終了した6月以降はその家賃負担もあった。しかし収入はゼロだった。

大河は苦笑しながら当時の金策を説明する。

「事務所の経費と人件費だけは払っていかなければいけません。収入がまったくない中、仕方ないからJBA（日本協会）から立替金として3800万円を借りました。そのときはテレビ中継もメインスポンサーも何も決まっていない時期で、よくそんなリーグに前職を捨てて来たやつがいるなと思いますね」

日本協会が余剰金を持ち、なおかつ理事会の承認を得られたため、リーグの資金繰りはつながった。

Jリーグが公益財団法人日本プロサッカーリーグとして発足したのは1991年11月1日。新リーグの準備組織も日本サッカー協会の内部にあり、メンバーは企業からの出向が多かった。それに比べるとBリーグはほぼゼロからの出発だった。

２０１５年9月15日にＢリーグの総会が行われ、各チームが「会員」として出揃う。入会金と会費がリーグに入って金策がつき、日本協会への返済も行われた。

ソフトバンクがトップパートナーとなり動画配信で先行

川淵が掲げたＢリーグ初年度の売上目標は20億円だった。大河や葦原は放映・配信、パートナー契約などの商談に動く。ある程度のオファーはあり、２０１５年末の段階で20億円の売上をクリアするメドが立っていたという。

Ｂリーグにとって嬉しい想定外で、飛躍のトリガーとなったものが、２０１６年3月に締結されたソフトバンクとのパートナー契約だ。

ソフトバンクはＢリーグのトップパートナーとなり、最大のスポンサーとなった。加えてスポナビライブ（現バスケットＬＩＶＥ）を通して、Ｂ１・Ｂ２全試合のライブ配信を行う環境も確保された。

２０１６年3月10日に東京・新橋で行われた記者会見には、ソフトバンクグループの孫正義代表、日本協会の川淵三郎会長が出席。ゲストとして田臥勇太選手（栃木）が参加し、トークセッションには「ハリセンボンボン」の2人も加わるなど、華やかな内容だった。

川淵は会見の中で孫代表との縁、契約の経緯をこう明かしている。

「ソフトバンクの孫代表と私は、Jリーグがスタートする頃からのお付き合いです。実はJリーグの試合をすべて中継したいということで、放送権を獲得に私のところに来られました。そのとき孫代表が『どうか好きな金額を書いてください』と、白紙の小切手を出されました。書きたかったですね（笑）。しかしNHKとの契約が決まっていたので、お断りした思い出があります。今回、ソフトバンクさんとトップパートナーの契約を結ぶときに、孫代表と電話でお話をしました」

川淵は満場の記者に向けてこう言葉に力を込めた。

「ソフトバンクの後押しを受けてやることは、我々にとっては本当に大きな力になる。バスケで奇跡を起こそう——。このメッセージを言葉とともにソフトバンクとともに動き出した男子バスケットボールの新時代、どうぞ皆さんご期待ください」

孫代表も熱弁を奮った。

「ITの力を使って、Bリーグを一気に飛躍させるお役にたちたい。Bリーグの開幕戦から、すべての試合をファンの皆さんにライブ配信したい。ファンの皆さんがスマホで、あるいはｉＰａｄなどのタブレットで、ＰＣで、そういう形で見られるようにします。すべての試合を、１試合残らずライブ配信できるように考えています。すべての試合をライブ配信するのは言うは易しいが、難しい作業です。しかしそれを我々はＩＴの力で実現したい。我々ソフトバンクがトップパートナーになることはただ単にスポンサーになる、お金を出すのでなく、我々グループの総力を挙げて多くのファンの皆さんが感動を分かち合えるようにしたいという意味です」

孫代表は川淵会長に対する共感も強調していた。

「バスケットボール界が2つに割れて、とんでもないことになりそうだという中で、多くの人がかたずを呑んで先行きを心配していました。そこに川淵さんが登場されて見事に一本化され、収められた。さらにBリーグという形で、バスケットボールを本当に大きく成長させていこうとしている。災い転じて一気に飛躍のきっかけに持って行く……。これは川淵さんらしい、見事な采配だと感じています。川淵さんがやるのであれば何としても応援したい。そのような思いがきっかけになった。このBリーグが大いに花咲くように、応援していきたいと思っております」

あれから年が巡った今は「自分が観たいときに観たい場所で試合を観る」「スマホや

ＰＣでスポーツを観る」環境はある種の常識になっている。放映権争奪戦も地上波放送、ＣＳも含む衛星放送から、ウェブを通した動画配信へと戦場が移っている。ＪリーグとＤＡＺＮとの契約が発表されたのはこの4か月後で、楽天がＮＢＡの放映権を獲得したのは２０１７－18シーズンからだ。Ｂリーグとソフトバンクのトップパートナー契約締結は、そんな時代の流れを象徴するものだった。

Ｂリーグの初年度の売上は、川淵の目標を大きく上回る40億円台に達した。その多くを占めたものが、ソフトバンクとの４年契約から得られた収入だった。パートナー契約は２０２０年６月に更新され、同社は日本協会のスポンサーにもなっている。彼らが経済的、技術的に日本バスケを後押ししていることは間違いない。

第
15
章
開幕

最後の詰め

２０１６年に入っても同年秋の開幕に向けて、様々な準備が残っていた。スポーツファンの関心が落ちないように、情報の発信もこまめに行われていた。

大河も毎月のメディアブリーフィングで、定期的にＢリーグの動きを発信していた。

２０１６年１月には選手登録のレギュレーションが発表された。一般論として企業チームは選手枠の拡大を望み、プロチームは必要最小限にとどめようとする。Ｂリーグの登録数は「10～13名」で、15名だったＮＢＬに比べて抑えた人数だった。

外国籍選手と帰化選手の登録は、合計３名以内（うち帰化選手は１名以内）と決まった。

ＮＢＬは帰化申請中も帰化選手として認められていたが、Ｂリーグはその扱いをやめた。

Ｂリーグが取り入れた新機軸は「特別指定選手制度」だ。16歳以上23歳未満（大卒以下）の選手は2名まで、学校の部活に所属しながらBリーグの試合に出場できる制度だ。サッカーのJリーグでも類似の制度が導入されており、Bリーグはそれを参考にした。

外国籍選手のオン・ザ・コートルール（起用人数制限）については、B1限定でユニークなチャレンジが行われた。

例えばNBLは第1クォーターが1名、第2クォーター2名、第3クォーター1名、第4クォーター2名の「1-2-1-2」制を取っていた。両チームで人数が合うため、外国籍選手同士のマッチアップとなる場面が多かった。

日本人ビッグマンと外国籍選手のマッチアップ機会を増やし、代表の強化に結びつけようという川淵三郎会長の発案から、ホーム側とアウェー側の外国籍選手の起用数について、クォーターごとに敢えて差をつける仕組みが議論されていた。

最終的には1試合で合計6枠、クォーター内では最大2名の範囲内で自由に外国籍選手の起用数を選択できる方式が、今回の理事会で決定された。「1-2-1-2」「2-1-1-2」に加えて「1-1-2-2」「2-0-2-2」などの起用パターンを各チームが自由に選択する、世界のバスケ界でも例を見ない制度となった。2017-18シーズンまで採用され、2018-19シーズン以降は「常時2名」と拡大されている。

ただ各チームにとっては第4クォーターにエース級の外国籍選手をどう活かすかが重要で、実際の選択は「1－2－1－2」と「2－1－1－2」の2種類に絞られた。2016年11月20日の横浜ビー・コルセアーズvs.富山グラウジーズ戦のみ「2－0－2－2」の使用例がある。

2016年3月の理事会では2シーズン目以降のリーグ戦参加資格となる「クラブライセンス交付規則」が制定されている。審査の基準は大きく分けて（1）競技、（2）施設、（3）人事体制・組織運営、（4）法務、（5）財務の5つだ。

5項目の中で重視された項目は施設と財務。タスクフォースで定められた方針の通り、試合が開催されるアリーナの規模はB1が5000人以上、B2が3000人以上と設定された。立見席も認められるが、入場可能者数の1割以内とされた。

財務面はJリーグと同様に「3期連続赤字」「債務超過」などの条件に抵触したクラブが、ライセンス不交付となる規定になった。チームの年間売上高は「1億円以上」をB1・B2の統一条件とした。

競技面で重要だった項目はユースチームの整備だ。2018年をメドに、B1、B2の全クラブがまずU15チームを整備するように求められた。この時点で栃木ブレックス、横浜ビー・コルセアーズなどアカデミーの整備に力を入れているクラブはあったが、他クラブも追随していくことになる。

またバスケ界独自の認定制度である日本協会の「S級ライセンス」が設置された。B1の日本人ヘッドコーチはS級ライセンスの保持者が務める制度となる。


3月の理事会後には、B1におけるビデオ判定制度導入の検討が発表された。スポナビライブ（当時）の配信のために、各会場にはスローモーションカメラも含めた複数のTVカメラが設置されていた。中継の映像を再生して審判の支援に用いる仕組みで、数千万円規模の投資だった。

もっとも試合が頻繁に止まることもエンターテイメントとしてマイナスで、チーム側からのチャレンジ、リクエストは認められていない。ビデオ判定はいわゆる〝ブザービーター〟が入った場合、24秒の制限ぎりぎりにシュートを打った場合や、3ポイントラインぎりぎりから入ったシュートの確認などに活用されている。

企業名が消えた

4月の理事会ではチーム名・呼称・略称が決定された。旧トヨタ自動車アルバルク東京は「アルバルク東京」、アイシンシーホース三河は「シーホース三河」、三菱電機ダイヤモンドドルフィンズ名古屋は「名古屋ダイヤモンドドルフィンズ」と改められ、チーム名から企業名が消えた。

日立サンロッカーズ東京は「日立サンロッカーズ東京・渋谷」に、東芝ブレイブサンダース神奈川が「東芝川崎ブレイブサンダース」となり、企業名を残した。ただし正式なチーム名はクラブの公式ウェブサイト、印刷物など、使用される場面が限定される。両チームの呼称は「サンロッカーズ渋谷」「川崎ブレイブサンダース」とされ、こちらには企業名が入らなかった。なお大河は企業名を入れたチームの新規参入は認めない旨も表明した。

Jリーグは1995年の時点で14チーム中、7チームに企業名が入っていた（現在はゼロ）。トヨタ、三菱、アイシンがチーム名から企業名を外したことは、地域に根差す意味において大きな前進だった。

5月にはクラブチームが資金難に陥った場合の融資制度が発表された。クラブの破綻はリーグ戦の円滑な遂行を妨げ、他クラブにも影響が及ぶ。そんな状況を防ぐための備えだ。銀行出身で、Jリーグの仕組みにも通じた大河らしい制度設計だった。「配分金前倒し規定」は年3回に分割して支払われる予定のBリーグの配分金を前倒しに支払う方法で、クラブが一時的な資金不足を起こす事態の回避が目的だ。

それでも資金繰りの懸念が収まらない場合に適用されるのが「公式試合安定開催融資制度」だ。理事会の承認という手順を踏んだのち、Bリーグがクラブに融資する仕組みだ。大河は安易な活用に対する歯止めとして「原則として勝ち数を『5』減らした中での勝率計算を行うことを前提に考えている」と説明している。

実際に2017年の鹿児島レブナイズ、2019年のライジングゼファー福岡がこの適用を受けた。

1チームあたりの限度は1億円で、リーグ戦の最終日までに返済するつなぎ資金だ。ただし勝ち数減は原則で、震災のような場合は柔軟に適用される前提だった。

6月の理事会ではクラブチームへの配分金に関する事項が承認された。配分はB1、B2でまず基本金額が違い、同じカテゴリーの中でも入場客数、入場料収入などによって傾斜（差）がつく仕組みとなった。金額についてはＢ１が「賞金は別にして５０００万円くらい」と発表され、Ｂ１の中でも３０００万円から７０００万円程度と差のつく傾斜配分だった。

入場客数で配分金額に差を付ける発想は、Ｊリーグで大都市優先との批判を受けて採用されなかった仕組みだった。しかしバスケは沖縄、秋田のような地方ほど入場者数が多く、都会のチームに有利という配慮は不要だった。

日本協会にも動きがあった。２０１６年6月25日の評議員会で「維新体制」は終結し、バスケットボール関係者も加わる構成となった。大河や葦原のようなリーグの代表者、地方ブロックの代表者といった割り振りがＦＩＢＡ側と調整した上に決定され、理事は６人から18人に増員された。

三屋裕子新会長の就任が決まり、川淵の肩書は「エグゼクティブアドバイザー」となった。大河は日本協会の副会長となったが、田中道博が事務総長に就任したことで、実務的にはＢリーグへと軸足を移していく。

地上波で生放送

2016年に入って、開幕戦の準備も動き出していた。Jリーグは1993年5月15日に国立競技場でヴェルディ川崎と横浜マリノス（いずれも当時）が開幕戦を行い、NHKで全国中継を行った。関東地区では32・4%という驚異的な視聴率を記録し、それが他会場のチケット販売を加速させ、Jリーグブームに点火する契機となった。

5月24日には東京都内で記者会見が行われ日程、会場、カードが発表された。歴史的なオープニングゲームは9月22日、会場は東京・国立代々木競技場第一体育館となった。木曜日だが、秋分の日の祭日だった。

注目の対戦カードはアルバルク東京と琉球ゴールデンキングスに決まった。

Bリーグやリーグの日程は、開幕の1年以上前におおよそ固まっている。スタジアム、アリーナの供給が需要に追いつかないこの国では、早めの予約が必要だ。開幕戦のカードも夏の段階で彼自身の方向性は決めていた、と大河は振り返る。

「東京でやるのであれば東京のチームが出ないとおかしいですよね。となるとアルバルクかサンロッカーズ渋谷なんだけど、アルバルクのほうが強いし、トヨタさんもリーグの創設に協力的でした。もう1つはbjから選びたくて、強さと人気を考えたとき琉球か秋田だと。『秋田は一回も優勝していないな……』という根拠で琉球に決めました」

大河が琉球の木村達郎社長に開幕戦出場をオファーしたのは2015年7月30日。同日はBリーグの階層分けに関する記者会見が品川であり、終了後にFIBAによるタスクフォースの「打ち上げディナー」が予定されていた。大河と木村は恵比寿のステーキレストランに向かうタクシーに同乗し、さり気なく打診を行った。数日後に木村から受諾の返事があったという。

ホームチームはアルバルク東京だが、この試合に限ってはリーグ側が主管の権利を買い取り、プロモーションや演出を手掛ける方式で開催された。収支でなく認知度向上を優先し、赤字前提で巨額の投資も行われた。フジテレビなどの協力により映像、照明、音響などはハイレベルなものが用意されていた。

地上波の中継が呼び水となり、土日に開催された残り試合のチケットも売れ行きが伸びた。開幕節のB1・18試合は11試合が満員状態となり、シーズン全体に向けたブーストともなった。

試合はトロイ・ギレンウォーターのオープニングショットを皮切りにアルバルク東京が優勢に試合を進め、追い上げる琉球を振り切って80－75で勝利した。

大河は開幕宣言の内容について、こう振り返る。

「8月のお盆くらいに考えていました。『バスケットボールで日本を元気にします』『ブレイク・ザ・ボーダー』は、日本協会の理念とスローガンだったから入れたかった。30秒以内で夢や志、未来への挑戦という要素を入れて作りました」

準備のストレス、疲労が影響したのだろう。大河は開幕戦の4日前にぎっくり腰を発症し、会場の医務室でブロック注射を打って晴れ舞台を迎えていた。当時の彼はこう述べている。

「無事に迎えられるか不安だったけれど、スタッフが1週間くらい寝ずにやってくれました。試合内容もさることながら、演出面も含めて無事終了したことに感謝の気持ちでいっぱいです」

「90点はあげていい」

開幕戦を見届けた川淵は、満足そうな表情でこう語っていた。

「感心しました。23年前のＪリーグ（開幕戦）でも色んな企画をやりましたけれど、若い人たちのセンスの方が上。これが正解だったと思います。今日は大河チェアマンにすべてを任せて華やかさ、音楽もそれなりに楽しめた。１００点ではないけれど、90点はあげていい」

ただしこう釘も刺していた。

「選手自身が技術的なレベルを上げて、世界レベルに持って行かない限りは、日本の成功はおぼつかない。２０２０年の五輪に日本が出られるかは決まっていないし、現状のままだとＦＩＢＡからノーと言われる。バスケットボールだけが主催国でありながら出場できない競技になる可能性もゼロではない。我々がどういう急角度でレベルアップできるか。そこを真剣に考えて、しかるべき成績を上げられるかが問われる」

この後２０１８年に渡邊雄太、２０１９年に八村塁がＮＢＡデビューを果たした。男子日本代表も２０１９年２月にＦＩＢＡワールドカップアジア地区予選を突破し、同年夏の

ＦＩＢＡワールドカップに出場した。そんな躍進を受け、川淵が危惧していた東京オリンピックの開催国枠出場は無事に認められた。

ＮＢＡプレイヤーの輩出や男子代表の躍進は第一に、草の根の指導者がＢリーグ発足以前から続けていた努力の結果だ。一方で日本バスケの改革が淀んだ空気を変え、強化に投入されるリソースの質量も上げた。Ｂリーグ発足が日本バスケ全体の上昇機運を支えていることは間違いない。

Ｂリーグは華やかな開幕戦からその勢いを保ち、４シーズン目まで平均入場者数を増やし続けた。「人数」以上の伸びを感じるのはファンの熱量だ。開幕戦ではホームで琉球ゴールデンキングスに応援で押されていたアルバルク東京や、川崎ブレイブサンダースのような旧企業チームの客席が明らかに変わった。演出や発信の内容も含めエンターテイメントとして深化を果たしている。

もっとも２０１５年の改革が「ゴール」ではない。もちろんＢリーグ発足とその後の施策でクラブの財務状況は改善され、生存や成長がしやすい環境が整った。それがバスケットボール界の希望をつないでいることも間違いない。

ただし日本バスケが歴史を重ねれば、災害や感染症の流行といった試練が必ずどこかである。組織運営が人の営みである以上、そこに行き違いや衝突も起こる。バスケットボールに限らず、スポーツすべてについて言える〝不都合な真実〟だ。ファンや選手、経営者はそのたびに安寧を奪われ、試練の克服を強いられる。

Bリーグは2020年7月に就任した島田慎二新チェアマンのもと、新たなステップに踏み出している。社会が変わる限り、日本バスケの挑戦も続く。

この本が描いた挑戦は歴史でなく、未来まで続く永遠の今だ。我々はどんな山を越え、どんな急カーブをクリアし、どこへ進もうとしているのか——。そんな軌跡と奇跡が、未来へ進む皆さんの道しるべとなることを願いたい。

あとがき

Bリーグの開幕は2016年9月で、そこに至る動きが本格化した時期は2015年初頭。そこから短時間で日本のバスケットボール界は激しく動き、感覚的には他競技の数倍のスピードで時間が流れた。今となっては5年前がずいぶんと昔に思える。

筆者は縁あって2014年夏からこの競技の取材を始めた。トップリーグが分立し、FIBAから圧力がかかっていた時期だ。今にして思えばピンチは変化の予兆で、「夜明け前が一番暗い」を地で行った日々だった。

幸運にも〝改革丸〟が出港する寸前で、私は乗船できた。絶望から希望、停滞から進展への劇的な転換期に居合わせられた。

2つのリーグが本当に合流できるのか？

混乱した日本協会を立て直せるのか？

五輪予選までに国際資格停止処分を解除できるのか？
誰もがそう危惧し、事情を知る人ほど悲観していた状況下で、改革は鮮やかに成功した。リアルタイムでその観察した経緯が、今に至る筆者の原点になっている。残していた謎も、今回の取材でほぼすべて晴らし、本書を通して皆さんにお伝えできた。

一方でこの競技が荒波に翻弄されていた時代を、軽んじるべきではない。沈没の危機においても航海を続けた人々こそ、Bリーグの下地を作った功労者だ。改革が成功するまでの過程には、確かに多くの失敗があった。しかしバスケ界が重ねたトライ&エラーがあったからこそ、皆は学ぶことができている。

Bリーグ誕生の功労者は、バスケに関わった全員だ。男女合わせた登録者数が約60万人という広い底辺を支える草の根の指導者。先行きが不透明な中で、経営者やプロコーチ、そして選手として飛び込んだ勇気ある挑戦者。そういった思いが集まって、日本バスケの今はある。

改革を振り返る「大河ドラマ」を書く野心は当初からあった。バスケ人とまったく関係性を持っていなかった新参者にとって、無謀なチャレンジでもあった。

結果的には親切なガイドと出会いに恵まれ、多くの方からその体験や知恵を授かることができた。取材が終盤に入ってもサプライズは止まらなかった。あと2年でも、3年でも、気持ちが済むまでこのテーマを取材し続けたい――。そんな感情さえ抱いた。

本当に多くの方からご協力をいただき、本書は完成した。関わった皆さまに、全身全霊の感謝を申し上げたい。

2020年晩秋　大島和人

大島和人（おおしま・かずと）
1976年生まれ。大学在学中にテレビ局のリサーチャーとしてスポーツ報道との関わりを持つ。卒業後は損害保険会社、調査会社などに在職。2010年のライター活動開始後はバスケットボールやサッカー、野球などを取材。試合や選手に関する発信はもちろん、スポーツ界の制度設計、クラブ経営など「コート外」の取材に力を入れている。

B.LEAGUE誕生

日本スポーツビジネス秘史

2021年1月18日　第1版第1刷発行
2021年1月29日　第1版第2刷発行

著　者　　大島和人
発行者　　村上広樹
発　行　　日経BP
発　売　　日経BPマーケティング
〒105-8308　東京都港区虎ノ門4-3-12
https://www.nikkeibp.co.jp/books/
装　丁　　三森健太（JUNGLE）
制　作　　アーティザンカンパニー
編　集　　長崎隆司
印刷・製本　　中央精版印刷

本書籍に関するお問い合わせ、ご連絡は下記にて承ります。
https://nkbp.co.jp/booksQA

ISBN978-4-8222-8905-8